上海教师教育丛书
知会书系

卫晓萍　主编

U0798983

我们都是生活家

——幼儿园生活活动实施的巧思与延展

上海教育出版社
SHANGHAI EDUCATIONAL
PUBLISHING HOUSE

上海教师教育丛书编委会

主　　任	李永智　尹后庆
编　　委	（以姓氏笔画为序）
	王　平　王　洋　王　涛　戈一萍
	卞松泉　尹后庆　宁彦锋　朱益民
	刘　芳　闫寒冰　孙　鸿　李永智
	李　蔚　杨　荣　杨振峰　吴　刚
	吴国平　陈小华　陈永明　陈宇卿
	陈　军　邵志勇　周增为　赵洁慧
	姜　虹　恽敏霞　袁振国　奚晓晶
策　　划	吴国平

总 序

教育改革的步伐已经进入了关注教师发展的新阶段。不是因为课程改革已陷于制度性疲倦，不是因为评价改革终将受制于社会发展的瓶颈，也不是因为我们拥有超过千万的中小幼教师队伍，每年有数十万的青年人正在进入这个领域。课程也好，评价也罢，根本上它们都内在于教师。拥抱“教师的年代”，不在于讨论有多少以教职为生计的人，而在于如何拥有师者的内在品质，值得学生效法，使自己从一名教者成长为一名真正的师者。

关注教师是国际教育改革的普遍趋势

制度化教育确立以来，课程长期占据着学校教育的中心地位。直到20世纪60年代，国际教育界才开始把视线转向教师。这是由于课程、教学、评价、管理这些学校层面的所有改革，最终都离不开教师。尽管半个世纪以来，教师职业到底算不算专业还存有不同的看法，但关于教师的专业化问题持续受到广泛关注。

中国向来具有别于西方的教育传统。中国古代教育有重教师、轻课程的传统，唯这种传统并未演化成现代意义上的教与学的机制，更未形成制度化的学校，因此循着传道授业解惑的路径发展教师素养的希冀，愿望虽好，但缺少登梯之阶，难以形成规范。近年来，随着教育国际交流的增进，尤其是上海学生在PISA项目中的表现，引来国际社会对中国教师组织化程度经验的关注，其中教研组和集体备课被认为是两大亮点。因为在西方，教师的教学行为被认为是从属于个人的专业行为，即便是同行也不得任意干预，可以想见，其结果便影响到授业与指导经验的传播。问题是，中国学校教研组的形式究竟以怎样的方式引导教师提升专业能力，尚缺乏充分的论证和公认的成果。理论上来说，一个组织如果确实发生了影响，既有可能是正面积极的，也有可能是负面消极的。教研组对于教师的影响，既未被证实也未被证伪，能否成为经验尚待科学论证。至于集体备课，不久前在上海对近八千名中小学幼儿园教师所进行的问卷调研显示：面对庞杂的课程事实和众说纷纭的教师要求，一大批成长期的教师从茫然不知所措，到随波逐流；而所谓“成熟期”的教师则顾影自怜地停留在自我经验的世界中，真正知识讲授型教师则难觅踪影。教师发展的局限已成为深化课程改革的短板，这样的局面不改变，教育质量有大滑坡的风险。

教师的成熟需要积累丰富的社会实践

在汉语中，我们把师者称为“老师”，一般解释其中的“老”无义，表尊敬。其实《荀子·致士》中强调了做老师有四个条件，其中一条曰“耆艾而信，可以为师”。古人把五十岁的人称为“艾”，把六十岁的人称为“耆”，把七十岁的人称为“老”。这或是“老师”称谓的早期由来。可见，年龄本是成为教师的一项先决的基本条件。只是在制度化教育出现以后，尤其是以分科为特征的知识传授成为学习的基本形式形成以来，这种年龄的限制才被取消。

古人为什么会对为师者设置年龄限制？是因为教师的职业属性是一名“杂家”，这样的“杂家”不经过长期的、丰富的社会实践积累，是难以炼成的。在今人眼里，“杂家”似乎意味着专业程度低人一等。其实，无论是在古代中国还是在近代西方，强调的都是社会中的个体应具备多方面的才能。孔子所谓的“君子不器”不是在谈“杂家”吗？而马克思关于人的全面发展又何尝不是在谈“杂家”呢？及至当代，“把一个人在体力、智力、情绪、伦理各方面的因素综合起来，使他成为一个完善的人，这就是对教育基本目的的一个广义的界说”（《学会生存》）。这句话表明“杂家”较之于“专家”更近于“完善的人”。教师面对的是多姿多彩的学生，每个学生都有各自的阅历，他们的家庭、他们的生活、他们的所见所闻都不尽相同，每个学生都是一个完整的世界，每个学生又都是一个独特的世界。教师要想成为学生精神生活的指引者，自己必须是一个精神生活丰富的人。而精神生活丰富的基础就是有渊博的知识，不仅是专业知识，而且是与之相关的各方面的知识。

岗位成长已成为教师专业发展的共识

我们拥有成熟的师范教育体系，拥有完备的教师任职制度，是否就意味着我们拥有了优秀教师的培养机制？想要回答这一问题，须明了教师是师范院校培养的吗？教师资格认证制度是从教的当然资质吗？

教师知识与技能的习得途径主要有三种：一是书本阅读，二是课堂知识传授，三是实践体悟。前两种可以通过岗前培养与训练获得，后一种则需要在岗锻炼习得。这就意味着，一名真正合格的教师无法在职前培养中完成，亦无法依靠教师资格认证制度自然解决。这也可以解释为什么近年来相当数量的示范性高中多从综合性大学招收新任教师，是示范性高中教学要求低，还是这些学校无视教育的专业属性？答案显然不是。教师的专业性主要不在于“知”，而在于“行”，即一名教师在从教岗位上的实践、探索、体验、反省和觉悟。可以认为，教师是在岗位实践中自我型塑的，师范院校也好，综合性大学也罢，都不过是为一名教师从教所做的预判性准备。

所谓教学，不是教师从书本上把知识搬家一样送到学生面前，它必须融入教师自己的透彻理解，没有教师的透彻理解很难有学生的透彻理解，“以其昏昏，使人昭昭”的事在教育上是难以发生的。在教师透彻理解的基础上，还必须考虑知识传授的方法。采取什么样的方法，除了教师的个人喜好外，还涉及知识的难易程度、学生的接受程度以及教学资源的承受能力等因素，取舍之间，包蕴着非常丰富的个性化知识。一名真正的优秀教师拥有丰富的个性化知识，犹如中医问诊中的察颜把脉。这种知识无法仅仅通过书本研读和知识传授获得，需要通过实践不断揣摩，从而得到一种内化了的知识。显然，它是一种非常个人化的特殊知识，需要教师在对每个学生“辨症”施教中不断积累，其习得主要依赖于教师的个人努力。由此，可以得到一条简单而又明确的结论：帮助一名从教者，使之成为一名真正的师者。可以说，帮助数以千万计的从教者，使其早日成长为师者，这是今日中国教师教育领域的一项重大课题。

助推教师成为教育的思想者、研究者、实践者和创新者

国家兴旺，教育为本；教育优先，教师为基。持续了半个世纪的教育改革浪潮把教师发展推到了历史的前台。在当代教育的历史进程中，教师不是单纯的任务执行者，而是教育的思想者、研究者、实践者和创新者。在专业发展的路径上，教师的主体地位、精神和意识得到了时代的推崇，教师专业化发展

和对教师的重新发现将对教育产生重大影响。可以说,教师问题的重要性已无须讨论,而应考虑如何实践。

新一轮课程改革呼唤着教师创造性地施行教与学的行为。吊诡的是,一大批被应试熏陶出来的青年走上讲坛,他们却被要求培养有创新能力的学生。面对变化了的教学材料和教学要求,是施教者的一脸迷茫和不知所措。英国教育家沛西·能曾说过,教师是学生学习的最大动力。问题是,迷茫中的施教者如何才能让自己成为学生学习的动力呢?

基于上述认识,由上海市师资培训中心主持,联合上海师范大学、华东师范大学以及上海教育出版社等单位,倾力研发并打造了这套“上海教师教育丛书”。本丛书由“知会书系”“知新书系”和“知困书系”三部分构成,分别聚焦新教师的教学规范、校本的教师研修经验以及优秀教师的成长启示,旨在从岗位上助推有资历和创造性的教师成长,这是我们的理想和愿望。

鉴于本书系不仅是上海也是国内自改革开放以来第一次全面系统开发的教师在岗培训教材,限于能力和水平,在编写过程中尚有诸多局限和不足,乞教于方家,不吝批评指正!

上海教师教育丛书编委会
2017 年 4 月

前　言

生活，有时是简单纯粹的劳作；生活，有时是高深奥妙的学问。

生活家是懂得生活的人，总能在日常生活中收获巧思与发现，总能保持新奇与探索。用感官去探寻，用心灵去洞察，积极地改变自己。生活家热衷于发掘并创造美好的契机，比起“好的”现状，渴望更多的可能性。

生活家常常在微小的事情中体会生活的美感。即使是不如意的时刻，也要正视、接受它们，并努力地做出改变。不断调整目标，遵循自己的节奏，朝着目标一步一步踏实前进。

生活本身就是一本丰富的课本，所有人穷其一生都在其中探索，从中汲取个人成长的养分，建立融入社会的纽带。我们每个人，都能成为生活家。

陶行知先生倡导“生活教育理论”，提出“过什么样的生活，就是受什么样的教育”。①

生活活动是幼儿园一日活动的重要组成部分，蕴藏着丰富的教育契机。《幼儿园教育指导纲要》和《3—6岁儿童学习与发展指南》都渗透着“融教育于生活活动”的指导思想。因此，如何将教育渗透到生活活动中？如何发挥生活活动的教育价值？如何让幼儿在生活活动中有所收获与发展？

这些问题需要我们在生活活动实践中逐一探索。深入了解优秀幼儿教师对生活活动的认识，横向剖析生活活动的实践性知识，积累专业知识，进而实现幼儿教师的专业发展。

宛南实验幼儿园遵循“一切为了幼儿，为了幼儿的一切”，培养“爱生活、会生活、趣生活”的快乐生活家。帮助幼儿在生活适应中锻炼健康的体格，在生活交往中培养快乐的个性，在生活亲历中孕育纯真的品行，在生活探索中萌发智慧的潜能，力求为每一个幼儿奠定未来人生的美好开端。

宛南实验幼儿园着眼于幼儿的真实生活，正视生活活动的教育价值。“进

① 孙培青.中国教育史(第三版)[M].上海：华东师范大学出版社，2009.

餐”“盥洗”“穿衣服”等生活活动，不仅满足幼儿最基本的生理需求，还能使幼儿在情境中积累关键经验。生活本就是课堂，把握好生活活动的契机，就能将教育目标融入其中。

教师要成为生活家，需要丰富的生活活动实践性知识。在理论的指引下，教师通过对过往教育经验的反思与总结，形成关于在生活活动中实现教育目标、促进幼儿健康发展的个人知识。一方面，教师要对各项生活活动的组织与开展形成相对系统的方法；另一方面，教师本身需要具备应对生活活动中各种问题的知识。

本书是一本教师自我学习的工具用书，内容包括理念解析、实施要点、环境创设、活动方案以及常见问题解答等。在自理生活、文明生活、安全生活、共同生活中，以友爱、喜乐、智慧、趣味四个关键词展现宛南实验幼儿园在基础要求下的特色做法，供教师们在实施中参考。

由于编写时间和水平有限，书中难免有不妥之处，恳请读者批评指正。

卫晓萍
2020 年 3 月

目　　录

第一章

回归幼儿的生活最佳

陶行知先生说过,好的生活就是好的教育。宋庆龄先生提出,把最宝贵的给予儿童。在宛南实验幼儿园,教育就是“让生活更美好”。

生活“佳”,给幼儿“好的生活”是我们的教育追求。我们力争使园所成为幼儿真正生活的地方,并从中获得高兴和有意义的生活经验。通过课程的构建与实施,帮助幼儿了解生活并认识生活,为幼儿解读生活中的各种生动事件,加深他们对生活本质的感受。

我们拆掉过度保护的围墙，使课程给予幼儿关于生活方方面面的体验感受。更重要的是，我们在教育中传达给幼儿积极的生活态度、基本的生活能力和健康的生活方式。

我们追寻“生活即教育”，坚持“保教并重”。“生活教育”课程特色在不断发展与完善中经历了三次关键变化：最初是就生活而生活，课程设置聚焦于教学内容；之后转变为以生活促能力，我们把重心放在技能培养上；当前，我们关注幼儿的生活体验和全面发展。（具体内容如下图所示）

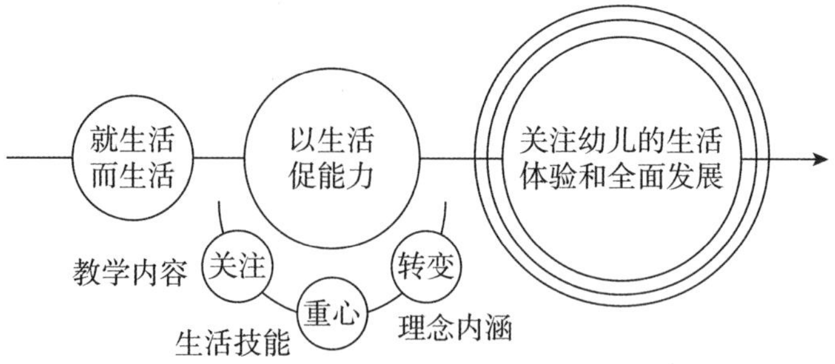

“让生活更美好”模型图

我们的主张——幼儿园的教育就是要为幼儿当下及未来的生活奠定基础。

生活教育的内涵——生活就是教育，好的生活就是好的教育。

生活教育的核心——幼儿是生活的主人。

第一节　日常生活的教育哲学

每个幼儿都有其独特而宝贵的天性。宛南实验幼儿园的生活教育课程从设计到实施再到评估，都以尊重幼儿生长的天性为第一原则。生活教育的目的是在让幼儿秉持天性的基础上，开明幼儿的心智，让幼儿能用所学的“术”（方法）来实现自己的“道”（目标）。

学前教育是学校教育的起点。幼儿作为一个天性胜于理性的群体，对他们的教育应当有别于之后的学龄教育。学前教育只有更加关注幼儿的生活体验和情绪感觉，才能与幼儿的生活自然融合，从而激发幼儿的积极性，引导幼儿获取生活经验、生活态度及天性潜能，为幼儿今后的学习与生活打下扎实的基础。

幼儿的天性应当在幼教领域中占据中心地位，而不是被知识教育边缘化。尽管天性的缺位与边缘化这一问题在我国整个教育阶段都不同程度地存在，但学前教育阶段是心智萌发的时期，对于幼儿天性的呵护就显得尤为重要。在这一阶段中，幼儿尚处于自然与天真状态，教育的使命就是引领幼儿发展自我的天性，让幼儿做自己生活的主人。

一、天性是种子，教育使其生长

生活教育，首先要探讨两个核心概念——天性和生活，理解它们与教育的联系。教育所围绕的核心应当是幼儿的天性和生活，以引导幼儿天性的发展为目的，使幼儿在生活中获得发展与进步。

人的天性是自然所赋予的属性。相较而言，人生所接受的各种教育都是后来者，目的是让幼儿脱离蒙昧的状态，融入人类社会之中。从逻辑上来说，人的天性是先于教育的，因此后天的教育应当尽量与之相适应，而不是违背它或扭曲它。

在学前教育理论的漫长发展脉络中，天性教育并非一开始就受到重视，而是经历了从“缺位”到“中心化”的演变过程。

起初，天性完全缺位，即实行灌输式教育。在这种教育观念下，对人的培养完全是以之后对其社会角色的期待而设计的，功利性与目的性极强，要求人们整齐划一地按照社会需要接受生产式教育。历史上斯巴达城邦的战士教育就是这种教育观的极端体现。

随后，天性是先天的遗传基础，教育是后天的上层建筑。在这种教育观念下，为社会培育人才的宗旨仍没有变化，只是逐步认识到禀赋的差异性，意识到要用不同的方法培养不同的人，为社会作出贡献。孔子的"因材施教"就是这种教育观的集中概括。

再者，天性引领教育，教育是为了成全人的天性。在这种教育观念下，天性最终在教育理论体系中占据了中心地位，"天性引领教育"成为教育理论的基本命题。这种天性教育观的主要内涵：人类的教育活动应当遵从人的天性；教育的根本目的在于使人充分实现自身的天性，成为具有高度主体性和创造性的人。

以上三种教育观念中，我们所倡导的是以天性引领教育，把天性作为一种成长智慧来对待。杜威曾提出："教育即生长。"[①]这个论断的前提是天性能像一颗种子一样，完成从原始形态到参天大树的转变。在这个过程中，教育是为天性提供养料的土壤，教育不是去创造什么，而是生长什么；就像农夫不是去创造种子，而是滋养种子，使它落在肥沃的土壤里，然后使它健康生长。农夫不能创造种子，教育也不能创造人性的种子，天性即人性的种子，教育只能使天性得到发扬。

天性在教育观念中逐步从幕后走向前台，在根本上反映了人类经济社会的发展趋势。随着经济的发展，社会分工不断细化，我们不需要也不能机械地培养各个领域所需要的人才。不仅如此，随着科技革命的推进，产业的升级和发展越来越依赖人的创新性和能动性，既而教育的航向也从传统教育的航道驶向激发个体主观能动性和创造性的天性教育。

有学者在对比传统教育和天性教育时指出：传统教育的基本路向是对人的塑造，塑造知识人，塑造道德人，塑造全面发展的人，而传统教育与塑造之间，具有不解之缘；天性教育的基本路向是对人的天性的呈现与实现，尊重天性，顺应天性，实现天性，彰显天性。传统教育的基本追求是"塑造"人，其逻辑设定是"以教育来引领天性之发展"；而天性教育所追求的则是"成全"人，其逻辑设定是"以天性来引领教育之活动"。"塑造的教育学"的基本取向是外部目的的达成，根据特定的目的来塑造合适的人；"成全的教育学"的基本取向是彻底的人本主义，从人自身

---

① 约翰·杜威.学校与社会·明日之学校[M].赵祥麟，等译.北京：人民教育出版社，1994.

的天性出发成全真正的自己。①

对于生活在这个时代的个体而言，接受天性教育应当是无比幸运的。天性教育引导人们去实现自己真实的价值，最大限度地发掘人性的各种宝贵资源，而无须按照整齐划一的教育模式，成为标准化的“万分之一”。每一粒“天性”种子都应得到珍视，无论是争奇斗艳的牡丹，还是迎寒独立的蜡梅，都应被鼓励去绽放自己的人生。成全每一粒“天性”种子的自然成长，这才是教育的使命所在。

二、生活是源泉，教育得其养分

生活的概念难以界定，却又非常熟悉。人们自然地认为日常的一举一动都是生活，对于这样稀松平常的事物，往往很难下定义。在此，我们首先明确，“生活”并不等同于“生存”，并不是所有的生存过程和活动都是生活，生活必须体现主体生命活动的意义。胡塞尔的生命哲学认为：“生活世界是作为唯一实在的、通过知觉实际地被给予的、被经验到并能被经验到的世界。”②

如果我们采用这个定义，那么教育的使命就是引导人们去探索个体作为生命的意义。生活是教育的源泉，它赋予教育以充足的内容、生动的形式以及与时俱进的活力。天性教育的关注点落脚在以幼儿为主体的日常生活中，它关注幼儿的需求与体验，引导幼儿进行主观创造和探索。可以说，学会生活是一个永远值得探索的人生课题。

如果教育只是知识的灌输，而忽略了幼儿在生活阶段中的需要和兴趣，忽视了幼儿天性的发展需求，那么教育反而会扼杀幼儿创造力的发展。卢梭在《爱弥儿》中指出：“把一串毫无意义的符号贴到他们脑中去，这又有什么用处呢？当他们学会所说明的事物时，他们才能学会符号。当你教他们把对他们毫无意义的词语当作知识接受时，你是在树立多么危险的偏见啊！”③卢梭所提到的“危险的偏见”是指成人依循自身的经验，忽视幼儿作为生活主体的需求，过早地将知识教给幼儿，使幼儿丧失了自主发展的天性和自由生活的可能性，被迫按照成人设计的道路前行。

① 苗曼.天性引领教育——幼儿教育变革路向探寻[D].南京：南京师范大学，2012.

② 胡塞尔.欧洲科学危机和超验现象学[M].张庆熊，译.上海：上海译文出版社，1988.

③ 卢梭.爱弥儿[M].李平沤，译.北京：商务印书馆，1994.

幼儿生活是一种不同于成人生活的阶段，并不是作为成人生活的铺垫而存在的，它是与成人生活并列的独立阶段。幼儿在这个阶段的生活经验需要在教育生活中得以丰富和发展，因此教育不是把幼儿从原来的生活中抽离出来，而是要融入他们原来的生活中，用教育的手段和方法去引导幼儿成长与成熟。

生活是教育的源泉。生活与幼儿教育之间千丝万缕的关系可以归纳为：教育的对象是生活着的幼儿，教育要基于幼儿实实在在的生活体验，而不仅仅是为他们成年后的生活做准备；教育在幼儿的生活中展开，幼儿在教育中以天性与教育导引相结合的独特方式生活着。幼儿在这样一种特殊的生活中得到发展，又在发展中生活着。

幼儿园一日生活皆为课程，而幼儿园的生活中有许多小事，这些小事要想做到规范、用心，考验着园所保教管理是否能落实到每一个幼儿发展的细节上，是否能成为生活教育有效的影响要素。

三、美好的生活，我们共同成长

生活是幼儿成长的背景，是教育的源泉。幼儿园的生活教育就是要为幼儿的幸福生活奠定基础。生活中处处充满挫折，因此我们要用积极的态度面对生活。教育不是抽离生活，而是融入生活。通过生活教育，我们希望幼儿在生活中走进教育，也希望幼儿可以拥有更好的生活质量。

美好生活是对幼儿现在与未来的良好祝愿，也是生活教育的理想。构建适宜幼儿、助力成长的生活课程，生活教育是途径，其教育目的最终是为了幼儿未来的生活。徐汇区坚持践行“优化适合每一个学生终身发展的教育之路”的核心教育理念，宛南实验幼儿园致力于“提升每一个幼儿的生活品质”，为幼儿创造美好的生活。

家园双方积极互动、平等合作、共同学习是现代办学思想的体现。幼儿是在与同伴、成人、环境、材料的互动中发展的，幼儿成长的过程也是教师、家长共同成长的过程，幼儿园的使命和愿景需要教工、家长、社区共同理解和认同，并为之努力。在开放多元的时代发展背景下，宛南实验幼儿园需要在园际交流中，与区域幼儿园共同发展，因此我们确立了“美好生活，共同成长”的办园理念。（见表1－1）

表 1-1　美好生活与共同成长

美好生活	共同成长
对幼儿现在与未来的良好祝愿	幼儿在互动中进步
生活教育的理想与生活课程的实践	教师、家长共同成长
提升每一个幼儿的生活品质	园际、区域共同发展

生活教育的内涵是人对生活的回应。从一日生活环节到家庭活动，幼儿在生活体验中获得应对变化、解决问题的方法。幼儿的经验不断迁移，幼儿的话语也会触动成人，幼儿对生活的反馈成为教育的重要组成部分。因此，宛南实验幼儿园确立了“幼儿是生活的主人”的儿童观。

生活教育的方式是幼儿与成人的互动。幼儿的自然语言、作品表达会让教师有所感悟，教师的工作态度、待人方式同样会影响幼儿的行为举止。显然，在生活教育中，幼儿与教师是互相学习的。在幼儿成长的关键时期和教师发展的不同阶段，他们教学相长，彼此促进。

2012 年，党的十八大报告提出“把立德树人作为教育的根本任务”。2012 年 10 月，教育部正式颁布《3—6 岁儿童学习与发展指南》(以下简称《指南》)。宛南实验幼儿园对照《指南》调整了生活教育的幼儿培养目标，并在“健康、快乐、智慧”的基础上加入了“品真”。从品性(善良真诚)、品行(礼貌守则)、品心(爱他人、爱劳动且有责任心)三个维度思考培养目标的要素。

在时代大背景下，宛南实验幼儿园围绕“健康、快乐、品真、智慧”四大培养目标，认真落实生活教育理念，实施共同性课程和选择性课程，帮助幼儿获得积极的生活态度、基本的生活能力和健康的生活方式，使他们成长为“爱生活、懂生活、会生活”的快乐儿童。

- 健康：身体健康，动作协调，习惯良好，具有适应环境的意识和能力。
- 快乐：情绪愉悦，活泼开朗，乐群合作，能感受并体验生活的美好、学习的乐趣和艺术的表达。
- 品真：善良有爱，礼貌守则，自主自信，具有一定的责任心和归属感。
- 智慧：好奇好问，乐于探究，见多识广，做事专注坚持，勇于接受困难与挑战。

思考

1. 什么样的生活是“美好生活”？哪些瞬间或事件让您感受到生活的美好？
2. 日常生活中有哪些事值得让 3—6 岁幼儿体验？为什么？

第二节　用生活来教育，为生活而教育

在实施传统教育的幼儿园中，教师和幼儿之间存在明显的不对等关系，这样的关系虽然便于知识的灌输和行为的规训，但实际上却会压抑幼儿的主体性。宛南实验幼儿园倡导的生活教育是关注幼儿自身的体验与发展，教师在此过程中进行引导，强调教与学的有机统一。通过打造生活化的教学情境，传递人格培育的教育精神与内容。

教师应明确生活教育的内涵、特征，以及如何创设适宜开展生活教育的生活场域。通过对这些问题的梳理和分析，能够让教师从较为抽象的“以天性引领教育”的宏观教学理念中逐步具象化，让教师更好地理解与认同“用生活来教育，为生活而教育”的教学宗旨。

一、联系生活：让外界融入幼儿心中

就其本质来说，生活教育是一种体验教育。体验是指通过经历而获得的情感、精神或感悟。有学者指出：体验是一种需要身心参与的，涉及经验、感受、情感、反思、领悟等方面的复杂的认识和实践活动，不能将体验简单地理解为感觉、直觉或者经验、理念。

从这个定义来看，体验与我们的生活、生命密切相关。体验是生命自身的直接经验，体验者所感受到的是一个统一的感知整体，这种感知是与个体的生命、生活紧密联系在一起的。

生活体验与一般体验又有所不同。生活体验强调在生活情境中的体验，它需要有具体的场景来承载。人们对于这种体验的意义，经常是后知后觉的，需要通过回忆、总结来了解其中的含义。再具体到幼儿的生活体验，它是在个性化的生命活动中产生的，包括幼儿的认知与实践活动，是一个主观感受和意义生成的过程。幼儿可以在幼儿园、家庭或者其他社会场所中体验生活。

既然幼儿可以在其他社会场所中体验生活，那么幼儿的这种体验又为何要融入学前教育中呢？

这就关系到教学目的。教学活动需要解决以下两个问题。

问题一：客观的文化与知识如何转化为幼儿的经验

感知的“内化”，是幼儿学习过程中的关键环节。没有这个转化，幼儿就不可能成长与发展，而这个转化必须靠幼儿自身的经验才能实现，无法由他人代劳。与成人不同，幼儿还没有具备直接消化抽象概念的能力，因此教学中的知识必须适应幼儿的经验水平。教学要通过与幼儿的生活经验相结合，进一步丰富和强化幼儿的体验，让客观知识融入幼儿的心中。换而言之，教学虽然关注幼儿是否能顺利地理解与掌握知识，但是它必须“曲线达成”，首先要关注幼儿的经验，包括幼儿已有的经验以及在最近发展区可能获得的经验。

问题二：如何让幼儿理解经验的意义

在理解经验的基础上，下一步就是如何让幼儿理解经验的意义。幼儿对意义的理解无法凭空生成，需要个体理解文化，进而在行动中展现知识技能、情感态度和道德理性，这样才能生成意义。只有在理解文化和行为展现中生成了意义，幼儿才能产生自我效能感，从而在生命活动中体现个体的能动性、自主性和创造性。

这两个问题都与幼儿的生活体验紧密相关。有学者将生活教育定义为“基于幼儿自身对知识可能达到的理解水平基础上，从生活中选择有意义的活动、事件、物品等，对幼儿开展有组织的经验活动，从而提升幼儿经验，帮助其掌握和理解知识、展现行为，最终让幼儿生成具有主体意义理解的活动”[①]。

基于这个定义，我们将生活教育的内涵分成三个关键点：第一，教学是一种生活过程，但又是一种特殊的生活过程；第二，教学是有组织、有计划的行为，区别于一般的幼儿生活；第三，生活教育不是对传统教学概念的颠覆或解构，而是针对幼儿特征的优化改良。

人的生活是全过程的，从这个意义上来说，教学是一种特殊的生活形式。教学是采用科学的手段，达到让幼儿去寻求自我完善与发展的根本目的。在教学活动中，教师和幼儿之间不仅仅是教与学的过程，还是这种教学生活的深刻体

---

① 皮军功.幼儿生活教学论[M].北京：北京师范大学出版社，2012.

验者。

教学活动不是从日常生活中随机抽取出来的，而是教师提炼与科学化安排的结果。教学活动的目的是关注幼儿理性与感性的统一，希望幼儿从中感受到自身创造的力量，获取自信与精神上的自由。所以，从这个意义上来说，教学是一种高质量的生活。如果教学是成功的，那么它将作用于幼儿的日常生活，从而提高幼儿教学时段以外的生活质量。

生活教育不是对传统教育理念的全盘否定，生活教育的要义在于倡导培养在生活中获取真实体验的教学理念。在教育目标上，教师要引导幼儿自发生成意义，培养幼儿的自信、创造力和主体意识；在教学方式上，教师要结合幼儿的生活场域，注重幼儿的日常经验、理解能力和行为表现。

二、主动体验：以幼儿发展为核心

传统幼儿教育体现出强烈的功利性和工具理性。诚然，工具理性在人类历史上发挥了重要的作用，创造了史无前例的生产力飞跃。可以说，人们是自然而然地将工具理性引入社会教育中，逐步将知识的掌握程度作为教育成功与否的核心指标。然而，随着物质生活的不断丰富，人们又重新认识到人性发展的必要性。随着社会分工的不断细化以及知识的不断积累，现代社会已不可能产生全才，绝大多数人只能在一个或至多几个领域中掌握较全面的知识。理性至上、知识至上的教育把人当作专一化的社会工具，从社会价值来看，这种工具或许可以带来更大的社会便利，但却导致人之所以为人的价值流失。更使人担忧的是，这种功利性的教育倾向正向幼儿教育中不断渗透。对于幼儿来说，这种教育方式是以学习为取向，而不是以成长为取向，这并不利于幼儿创造性的长远发展。

正是基于这种情况，生活教育关注的是幼儿的生活体验、生存意义和生活价值，让幼儿体验现实生活的快乐，让幼儿的天性得以发展。幼儿是具体生活着的人，是正在生长的人。生活教育要把教学目标从许多年后的功利性知识转到此时此刻对生活的热情体验中来，使幼儿享受美好的生活。所以，生活教育要以幼儿的生活体验与发展为核心。

杜威曾指出:“不再把儿童的经验当作一成不变的东西,而把它当作某些变化的、在形成中的、有生命力的东西;儿童和课程仅仅是构成一个单一过程的两极。正如两点构成一条直线一样,儿童现在的观点以及构成各种科目的事实和真理构成了教学。”[①]按照杜威的理论,我们可以从以下两方面关注幼儿独特的生活体验,并开展引导式教育。

关注点一:从幼儿的兴趣出发开展活动

教师可以通过活动设置、日常观察、与幼儿交流等形式,分析整理出不同幼儿的兴趣,保证每个幼儿都有机会表达或展现自己的喜好。教师再根据幼儿的兴趣,有针对性地设计和开展生活体验活动。

- 例如:生活小妙招

生活应当具有智慧,因为生活本身就是创造的过程。创造需要用头脑去思考和想象,需要用手去操作和探索,需要用眼睛去发现,需要用耳朵去倾听。在生活教育中,教师经常会从细节中找到教育焦点,形成一系列生活小妙招。

折衣服是日常生活中琐碎且频繁的工作。一块自制的叠衣板方便又实用,只要简单的三个步骤,几秒钟的时间,就可以快速地把不同的衣服折成固定大小。食物的包装各不相同,幼儿在野餐分享时经常会遇到困难,善于发现的教师找到了包装上的各种标志和人性化设计,让幼儿学会看懂标志的意义,动手尝试不同的打开方式,变被动求助为主动探索。春游秋游时,应该如何游览公园?怎样才能找到目的地?幼儿尝试自己设计游览路线,在这个过程中,既有空间方位的认知,也有活动过程的规划,更有同伴之间的合作。幼儿在真实的环境中真尝试、真探索,遇到困难实地解决,从而收获真体验。

- 例如:小象讲安全

3—4 岁的幼儿自控能力较弱,对自己的行为后果缺乏预测能力,缺少避开危险的经验。4—6 岁的幼儿虽然对有害事物有了一定的认识,但还没有具备自律能力,在活动中容易发生事故或受到伤害。针对幼儿的行为特点,教师借助幼儿园的吉祥物小象,通过故事、游戏、标志等将安全教育落到实处,设计出符合小、中、

① 约翰·杜威.杜威教育论著选[M].赵祥麟,王承绪,编译.上海:华东师范大学出版社,1981.

大班幼儿的各类安全活动。不仅在日常生活中加强安全意识教育，更重要的是积极培养幼儿的自我保护能力，让幼儿在日常生活中学习一些简单的自我保护方法，积累安全经验。（见表1－2）

表1－2　小象讲安全的三个阶段

第一阶段	第二阶段	第三阶段
• 入园我知道 • 老师，我有话说 • 小问题大安全 • 玩具不能塞耳朵 • 滑滑梯和攀爬架 • 我等妈妈来接 • 我爱我自己 • 我会这样吃 • 在家中玩耍 • 安全用电器 • 走在马路上 • 陌生人 • 和狗玩耍要注意 • 会说话的标志 • 家人不见了，怎么办 • 鼻子出问题了，怎么办 • 摔破皮了，怎么办	• 好玩的沙地和秋千 • 收拾玩具很重要 • 穿衣穿鞋要注意 • 大花脸 • 浴室里 • 安全用电 • 不乱用药品 • 钻爬护栏真危险 • 危险的游戏场所 • 危险的水边 • 大风天 • 会说话的标志 • 煤气泄漏，怎么办 • 烫伤了，怎么办 • 触电了，怎么办	• 安全做运动 • 不搞恶作剧 • 当心被卡到 • 正确使用杀虫物品 • 不要模仿危险表演 • 安全乘坐电梯 • 紧急求助电话 • 轮滑安全我知道 • 危险的烟花爆竹 • 不去非常拥挤的地方 • 会说话的标志 • 流血不止，怎么办 • 被埋在废墟里，怎么办 • 被关在电梯里，怎么办 • 发生火灾，怎么办 • 发现小偷，怎么办 • 牙齿磕掉了，怎么办

关注点二：为幼儿创造充分的、舒适的体验空间

环境是幼儿教学的重要资源，也是幼儿发展的重要条件。教师要通过设置生活环境、转变交流方式等形式，为幼儿营造畅所欲言、自由表现的氛围，让幼儿乐于展现最为真实的自己，以便教师进行观察和引导。

幼儿的学习以直接经验为基础。教师基于幼儿的生活经验，把一日生活作为教育场景，通过课程的构建与实施丰富幼儿的体验，将多彩的生活感知串联成幼儿的各种各样的经验。

什么才是好的环境？如何打造好的环境？我们回归“生活即教育”，以幼儿的视角来看待环境。

第一，好的环境有利于幼儿成为主角。幼儿的作品和嬉戏的身影，更能描绘出不一样的多姿多彩。比起装饰，更需要突出这种“色彩”特征。第二，好的环境有利于幼儿积极探索。幼儿园是让幼儿自己思考、寻找答案的场所，是一处教育设施，而不是一个游乐园或主题乐园。第三，好的环境有利于幼儿亲近自然。让幼儿从教室走出去，在沙水池、屋顶花园等开放式空间中尽可能地亲近自然。

首先，打造好的环境，需要平衡好“漂亮”与“用处”。好的环境并非一味追求成人眼中的美观，例如颜色的使用，有意义的颜色能有效地划分区域功能，在幼儿的活动中起到提示作用。其次，打造好的环境，需要平衡好“耐用”与“真实”。随着建筑材料的不断发展，看起来像真东西的人造材料越来越多，成人会倾向选择那些能够长期使用、不会伤害幼儿、节约成本的假材料。为了使教育回归真实，还应尽量选择自然真实的材料，这样才能促进幼儿的感官体验。最后，打造好的环境，需要平衡好“危险”与“挑战”。“有点危险”的创设是为幼儿营造一个可以探索的体验空间，与此同时，也要注意规避安全隐患。

为了锻炼幼儿成为自己生活的主人，就要给幼儿一定的权利去安排自己的生活，而不是被动地接受教师的既定安排。幼儿园生活的组织和教师的引导，应当尽可能地满足幼儿的自我需求，赋予幼儿自主选择的权利。在教学活动中，教师和幼儿应该是一种合作关系。教师应当在保证安全的前提下，充分给予幼儿自主选择的权利。

教师要为幼儿设置情境化的学习环境，引导幼儿在体验中发现问题并解决问题，例如小厨房、小菜园、手工坊等。在这个过程中，教师不仅能够更细致真实地观察幼儿的天性，更深入地理解幼儿所感兴趣的事物及其思维方式等，也能够更好地引导与鼓励幼儿天性的发展。

通过环境承载教育理念，让每一个角落都呈现“生活即教育”的思想。环境创设首先要满足幼儿的生活需求，再匹配课程实施的多元需求。在有限的空间内，教师尽力为每个班级开辟活动室、衣帽区、餐厅、盥洗室、午睡小床收纳室等空间，使每个班级都有较为充足且舒适的空间。

幼儿园的每个地方都可以成为落实课程的载体。室内的生活体验馆、生活创意馆、生活探索馆，户外的沙水池、勇敢者小道、树屋、屋顶花园等，为幼儿的生活、游戏和学习提供了充分的环境支持。（见表 1 - 3）

表 1-3 生活学习区的设置

年级	学期	专业活动室			
		生活体验馆	生活创意馆	生活探索馆	
		HAPPY 厨房	HAPPY 剧场	HAPPY 农场	HAPPY 实验室
小班	上学期	我是小厨师 ——五彩汤圆	我是小艺术家 ——小兔子乖乖、五颜六色	我是小菜农 ——拔萝卜	我是小小科学家 ——探险寻宝
	下学期	我是小厨师 ——DIY 饼干	我是小艺术家 ——小蝌蚪找妈妈、小花伞	我是小菜农 ——种葱	我是小小科学家 ——有趣的泡泡
中班	上学期	厨艺小达人 ——比萨	艺术小达人 ——太鼓达人、魔幻秋叶	园艺小达人 ——鸡毛菜	科学、生活小达人 ——昆虫大搜索
	下学期	厨艺小达人 ——葱油饼	艺术小达人 ——动物狂欢节、小小设计师	园艺小达人 ——豆豆移植	科学、生活小达人 ——降落伞
大班	上学期	餐点文化 ——西餐礼仪	艺术文化 ——中国水墨、京剧世界	园艺文化 ——多肉植物	科学与生活 ——身体的奥秘、折叠能手
	下学期	餐点文化 ——中华美食小当家	艺术文化 ——小木工、摄影世界	园艺文化 ——植物调查	科学与生活 ——筛子的奥秘、小小旅行家

在设计生活体验馆时，教师努力为幼儿营造一个真实的家庭环境。以“宝贝当家”为例：首先，根据家的布局，把教室划分为厨房、客厅、卧室、卫生间、储藏室和阳台，在房间与房间之间建起高度为一米的隔墙，并且在门上都安装了小门锁；然后，每个房间的布置都从幼儿的生活需求出发，如厨房里有微波炉、小冰箱，客厅里有电视机，沙发上有颜色鲜艳的卡通靠垫，卫生间里有小马桶、小浴缸。

幼儿进入“宝贝当家”生活体验馆后，就要换上居家鞋，体验回家的感觉，然后选择不同的房间、不同难易程度的任务进行挑战。任务单的正反面是不同年龄段的任务，并配有简单的图片和文字。（见表 1-4）

表 1－4　生活体验馆“宝贝当家”的任务设置

区域划分	中班任务	大班任务
厨房（黄色任务单）	• 清洁餐具 • 准备点心	• 调制饮料 • 整理餐桌
客厅（红色任务单）	• 整理客厅 • 分类书报	• 学用吸尘机 • 整理照片
卧室（绿色任务单）	• 打扫卧室 • 照顾娃娃	• 折叠被子 • 更换衣物
卫生间（蓝色任务单）	• 帮娃娃洗脸	• 帮娃娃洗澡 • 清洁浴室
储藏室（紫色任务单）	• 整理生活用品（衣服、袜子、领带、帽子、皮带等）	• 整理收纳箱 • 准备旅行用品
阳台（橙色任务单）	• 晾晒衣物 • 折叠衣物	• 清洗手帕 • 打理植物

在“家”的情境中，教师把礼貌教育、劳动卫生习惯、自理能力、安全教育等渗透在活动之中，让幼儿通过动手操作，尝试完成一件件力所能及的事情。在这一过程中，幼儿不仅学会了做事有条理，学会了自己解决困难，还体验了成功的喜悦，获得了自信。

中、大班幼儿的交往能力越来越强，合作意识逐渐形成。幼儿间的差异也是一种学习资源，所以在每个活动区域中设置 2 至 3 个内容平行的任务单，鼓励幼儿互帮互助，协作完成任务，促进幼儿合作交往能力的发展。

三、外部支撑：构建幼儿生活教育的场域

幼儿生活教育是一种体验教育，由此引导并发展幼儿的天性。在达成生活教育理念共识的基础上，如何构建一个有利于幼儿自由发挥的生活场域成为下一个需要解决的问题。

首先要对“场域”进行解释。场域的概念由法国社会学家布迪厄提出，他认为“场域是一个社会位置的系统，是由内在的权力关系构建的，每一个场域都是权力

关系所在”①。这个社会学概念指出：在生活环境中，切实存在权力关系，这种关系可以通过人们之间的互动和场所的具体设置来体现。

生活教育理念提出要让幼儿在教学活动中体悟生活，那么也就必然涉及对生活场域的重构或优化。如何重构或优化符合生活教育要求的场域，可以从以下三个层面进行安排。

构成一：构建科学的幼儿园教师管理制度和评价体系

科学的幼儿园教师管理制度和评价体系是开展生活教育的基石。因为教师是教学任务的承担者，也是真实生活的个体，只有他们感受到整个幼儿园管理范畴的民主、公平与自由，才能将此理念带入教学活动中。

所以，在教师管理制度上，要坚持民主与调控相结合的原则。管理者应当在充分了解教师个人兴趣、能力水平、生活背景的基础上，对教师进行日常工作管理，包括寻找合适的带班搭档，听取教师的带班意见等；在充分民主的基础上，管理者也要有适当的调控，要及时干预和纠正教学过程中产生的偏差，保证生活教育的理念得以顺畅贯彻。

在评价体系的构建方面，生活教育应当倾向增强团队凝聚力的考核指标建设，激励教师的课程创新和幼儿的思维创新，将班级活跃度作为一个重要的评价指标。幼儿园教师管理制度和评价体系的重构，是在教师与幼儿间进行关系重建的重要基础。

构成二：营造教师与幼儿之间和谐的人际关系

在传统的教学场域中，教师凌驾于幼儿之上，彼此之间在教学过程中是支配与被支配关系。而生活教育要打破这种关系，让幼儿回归天性支配的状态。因为在自然的生活环境中，幼儿没有外部学习压力，他们会根据自己的天性对外界事物作出反应。

有学者指出：“根据幼儿学习的这些特点，如果利用好幼儿园日常生活活动的教育，不仅能让幼儿在不知不觉中养成良好的生活卫生习惯，也能让幼儿的认识能力、操作能力及交往能力等各种能力得到提高，使幼儿的独立性、自主性、生活习惯和行为习惯的条理性都有很大进步。”②因此，在教学活动中，教师要减少单向

---

① 鲁思·华莱士，艾莉森·沃尔夫.当代社会学理论：对古典理论的扩展[M].刘少杰，等译.北京：中国人民大学出版社，2008.

② 涂德兰.课程视阈下幼儿园日常生活活动的生态位研究[D].重庆：重庆师范大学，2010.

度的知识灌输，让日常活动的功能尽量满足幼儿天性生长发展的需要，以幼儿的习惯养成、生活能力的锻炼来取代知识灌输，将幼儿的养与育有机结合，创造教师支撑幼儿学会生活的教学氛围，减轻幼儿在教学过程中的被压迫感。

构成三：创设有利于幼儿发展天性的生活环境

构建幼儿生活场域，还离不开幼儿园环境的合理化设置，因为教育环境是教师与幼儿关系的直接反映。例如一些幼儿园为了避免幼儿间争夺玩具，规定不允许幼儿自带玩具到学校，甚至每天玩什么玩具也需要得到教师的许可。实际上，这就是人为地将幼儿的学校生活与日常生活割裂开来。对于幼儿来说，既能带来快乐又能在日常生活中有所发现的场所才有利于他们的健康成长。

生活就是教育，就是教育的内容，生活教育内容博大无比，是动态的，因生活的变化而变化，也是全面的，由此而开展的教育有利于受教育者的终身发展。生活是幼儿最自然的课堂，生活中蕴含着丰富的教育内容，是幼儿学习的大舞台。选择生活中富有价值的内容，纳入教学之中，会使教育更加贴切、自然，更富有生机。

一切人的生存和发展都不能离开环境，幼儿自出生后就在社会生活、周围环境、家庭及照管他们的成人影响下，在与环境的交互作用中得到发展。幼儿在与环境彼此影响的背景下成长，并且不断变化。环境是幼儿教学的重要资源，也是幼儿发展的重要条件。基于“生活教育”理念，应把幼儿园打造成幼儿眼中的“一个有意思”的地方。

幼儿园要创造出有利于幼儿展现真实自我的生活场，场域设置要将学校与家庭生活联系起来，尊重幼儿的主体性，增强幼儿的生活体验性。

幼儿园这个生活场域与家庭有着千丝万缕的关联，是幼儿生活系统中不可分割的一部分。因此，有学者指出：“幼儿园生活场要充分发挥幼儿园生活与家庭生活各自的功能，考虑两者的互补性和交互影响。教师要细致地观察，在了解每个幼儿家庭生活习惯的基础上，精心规划设计幼儿园生活，并根据幼儿的个性化需求及时调整。”①

“生活场”是指在幼儿园里创设真实的生活或与真实生活相似的场景，是一种供幼儿参与的学习环境。“生活场”中不仅有幼儿需要的相关材料，也有相应的活

---

① 叶小红.创设属于幼儿的生活场[N].中国教育报，2015-01-04(002).

动公约，人与人之间或人与物之间存在明显或隐藏的各种联系。在“生活场”中，幼儿感觉轻松无压力，因为幼儿只需要努力调动自己的知识、经验和技能，通过直接感知、实际操作和亲身体验来迎接“挑战”，丰富自己的生活经验。

“生活场”并不只是幼儿园的空间，还包括每一次外出活动的场所。在自然或社会活动的各种情境中，教师要通过甄别其中具有情境特色和教育价值的部分，适时提供支持与引导，帮助幼儿迁移经验，“帮助幼儿在感兴趣的系统里对生活充满兴趣，并在充满兴趣的过程中学习与发展”①。

“生活场”是教师开展幼儿生活教育的社会实践场所，让幼儿在不同的社会环境中经历与感受生活，获得不同的社会角色体验、社会生活体验和社会文化体验，是促进幼儿社会生活的有效途径。宛南实验幼儿园当前的“生活场”包括社区生活场、休闲娱乐场、文化展馆场和职业感受场。（见表1-5）

表1-5 “生活场”的设置

名称	释义	活动列举		
		小班	中班	大班
社区生活场	社区是幼儿的学习和生活环境，它蕴藏着丰富的学习资源。这种生态环境包括幼儿园、家庭和社区，它们三者之间的合作能够优势互补，有利于充分利用教育资源，形成教育合力，促进幼儿全面健康发展。	观看魔术表演、幼儿园做客	小鬼当家、小小运动城	参观地铁车站
休闲娱乐场	公园、剧场是家长们经常会带着幼儿一起外出休闲的场所，结合主题的发展和季节的特征，我们设计了一系列的休闲活动方案，让孩子在自然的环境中感受美丽、亲近自然，并留下美好回忆。	参观和平公园和野生动物园	参观上海动物园、滨江樱花大道和长风公园	外滩观光隧道、佘山毕业旅行

① 管钰嫦.幼儿教师生活活动实践性知识的叙事研究[D].长春：东北师范大学，2017.

（续表）

名称	释义	活动列举		
		小班	中班	大班
文化展馆场	上海有着丰富的文化展馆资源，其中不乏一些适合幼儿参观的场所。走进各类文化展馆，既让幼儿增加了知识，又开阔了幼儿的视野。在实践中，幼儿不仅能了解历史和重视文化，还能激发热爱家乡、热爱祖国的美好情感。	参观木偶剧场	参观昆虫博物馆	参观美术电影制片厂和上海科技馆
职业感受场	职业感受在于让幼儿了解他们身边熟悉的各种职业，通过参观工作环境、模仿成人职业、亲身体验流程、实际操作尝试等环节，幼儿有了模仿对象，从而达到感悟社会真实工作、积累社会阅历、学会感恩他人、启迪兴趣爱好的目的，是一种很有意义的社会实践方式。	参观养乐多工厂、制作元祖蛋糕	参观中国科学院生物化学与细胞生物学研究所	参观消防局、公安博物馆、军校和小学

思考

1. 以幼儿的生活体验与发展为核心，科学地概括出活动目标，拓展为具体设计。在您的幼儿园中，有哪些具体做法呢？

2. 创设有利于幼儿发展天性的生活环境，您是怎么做的呢？

第三节 贴近幼儿生活的课程

在对生活教育的理念和主张有了充分的讨论后，下一步就要细化如何在具体的教学活动中践行生活教育的方法，体现幼儿在教学过程中的主体性地位，引导并帮助幼儿发展自我天性。基于前两节的讨论，我们明确了生活教育是要对学前教育阶段具有知识崇拜倾向的课程进行修正，是要基于幼儿发展的基础性与可持续性安排课程。本节将着重从教师素养入手，从组织日常生活活动、课程理念的实践引导、教师观察力的培养三方面对生活教育课程进行讨论。

一、精心策划的随机教育

教师要在幼儿的日常游戏、学习、生活作息过程中敏锐地捕捉教育契机，并借机开展随机教育。作为生活教育理念在实践中的一个重要手段，随机教育不是“随便教育”，不是被动等待，而是用心设计、主动引导的教学过程。

有学者认为：“随机教育是指教育者根据机遇进行选择或分派教育因素的过程。具体说来，就是在教育者和受教育者双方共同的活动中，教育者巧妙地利用具体情境中即时出现的教育因素，不失时机地对受教育者进行教育引导的过程。”①根据这一定义，随机教育应具有以下几个特征。

第一，即时偶尔性。随机教育的契机可能仅仅是幼儿生活中稍纵即逝的瞬间，教师必须在发现后立即对幼儿开展教育，帮助幼儿加深印象。

第二，情境性。随机教育要想获得良好的效果，教师就需要将教育内容与相应的生活情境较好地融合对应起来，这样才能使幼儿在真实的情境中获得身临其境的情感体验，对幼儿的感染力大，并且更具有说服力，同时也符合幼儿的年龄特点。

第三，生成性。随机教育的契机不是完全自发的，教师要在和幼儿的互动中发现和产生教育机会，那么教师就需要在教学活动中尽量将幼儿引向期待的教育情境。

实施随机教育时，教师要避免将随机教育理解为纠正幼儿的不良行为而开展

① 王利娟.幼儿园生活活动中的随机教育研究[D].呼和浩特：内蒙古师范大学，2012.

的教育。教师要以幼儿的身心发展为核心，要让幼儿在真实的生活情境中获得深刻的情感体验，让幼儿在发展个体天性的同时，又能接触真实的生活与人际交往，体会遵守行为规范，习得日常生活技能。这样的随机教育，才有利于促进幼儿的身心健康和谐发展。

教师要强化自身能力，树立随机教育意识。随机教育的契机并不是教师被动等来的，而是通过有意识引导，让幼儿自然地融入相关情境。因此，在幼儿园生活活动中，教师要时刻提醒自己树立随机教育意识，有了意识才能有行动，才能不失时机地抓住契机对幼儿进行随机教育。

教师要有意识地及时强化随机教育的成果。由于幼儿的心智发展尚不成熟，因此教师要强化与固化随机教育的成果，要恰当利用幼儿所认为的愉快的行为结果，有效地强化幼儿的行为。有学者通过研究和观察指出，以下两种情况对于强化幼儿随机教育的成果十分有效："第一，幼儿完成教师布置的某项任务或活动，并且达到其目的后，幼儿获得了满足感；第二，教师和同伴对幼儿行为的鼓励和评价。前者可以激发幼儿的内部动机，后者可激发幼儿的外部动机。"[①]由此可见，教师在随机教育结束后，应当激发幼儿的内部动机和外部动机，及时强化随机教育的成果。

在宛南实验幼儿园，教师抓住幼儿一日生活中各个环节的教育契机，不放过任何一个能帮助幼儿建立良好生活习惯的小环境，从细节出发，制定适切的教育策略，形成看似"随机"实则"用心"的活动主题。

- 例如：餐前十分钟

餐前十分钟，是进行餐前教育的良好契机，逐渐成为生活教育中重要的组成部分。其不仅能丰富幼儿的认知经验，培养幼儿的生活自理能力，也能学习就餐过程中的文明礼仪，使幼儿学会分享和照顾他人，从而形成良好的进餐氛围。

- 例如：快乐小餐盘

餐盘作为用具，也是幼儿进餐的好帮手。餐盘使用的不同年龄段要求，能让幼儿逐步养成进餐好习惯，培养幼儿的生活自理能力，增强幼儿的自我管理意识。（见表 1 - 6）

---

① 王利娟.幼儿园生活活动中的随机教育研究[D].呼和浩特：内蒙古师范大学，2012.

表 1-6　快乐小餐盘的三个阶段

第一阶段	第二阶段	第三阶段
有序拿取托盘，能在托盘中放好一把小勺和一块毛巾，端着托盘走到座位上，将饭碗、菜碗、汤碗放在托盘中，开始进餐。	有序拿取托盘，能自主选择餐具（勺子或筷子），能把毛巾放在托盘中，端着托盘走到座位上，依次将餐桌上的饭碗、菜碗、汤碗放在托盘中，开始进餐。	有序拿取托盘，托盘中放好筷子和毛巾，端着托盘走到座位上，自主选择菜碗、汤碗，并放在托盘中，为自己盛饭后，开始进餐。

二、彰显天性的实践引导

生活教育虽然是以开发幼儿的天性为目的，希望通过幼儿生活使幼儿的天性得以彰显，但这并不意味着教师对幼儿教育放任自流。在生活教育中，教师应当从幼儿日常生活中发现有教育价值的互动项目，结合幼儿的实际情况，选取恰当的项目作为课程教学内容。有学者将这部分内容称为实践性知识教学，所谓实践性知识“一般是指教师关于课堂情境和在课堂上如何处理所遇到的困境的知识，是建立在一定专业学科知识和一般教学法知识基础上的，是一种体现教师个人特征和智慧的知识，它更能集中反映课堂教学的复杂性和互动性特征”①。

首先，关注教师的教育实践和经验积累。教师实践性知识的“输出”，很大程度上需要依靠教师的教学和生活实践的“输入”，否则，谈论实践教育就是无根之木。其次，重视教师对经验的自我加工。单纯的经验并不是实践性知识，教师只有通过与教学对象（幼儿）、教学内容（幼儿生活）的思考相结合，才能形成实践性知识。最后，重视课程中的互动性。这是实践性课程与生活教育理念最为贴近的部分，因为它的设置来源于幼儿和教师的日常生活经验。

在宛南实验幼儿园，教师如何在课程实践中转换实践性知识？

- 例如：来园几件事

一日之计在于晨，幼儿来园时有序地做好自己力所能及的小事，不仅能逐步学会生活技能，也能培养幼儿合理安排、做事有序的好习惯。如小班幼儿在更换鞋子的过程中学着区分左右，将自己的鞋子摆放整齐；中班幼儿在换衣服的过程中辨识衣服的里外，尝试将衣服挂在衣架上；大班幼儿在摆放书包的过程中学着整理、收纳自己的物品。幼儿在一次次的尝试、一次次的成果体验中表现得更加自信，也更愿意将自己力所能及的事情做好。（见表 1-7）

① 叶澜，等.教师角色与教师发展新探[M].北京：教育科学出版社，2001.

表 1－7　来园几件事的三个阶段

第一阶段	第二阶段	第三阶段
来园三件事： • 问早 • 插晨检牌 • 换鞋子	来园五件事： • 问早 • 插晨检牌 • 换衣服 • 换鞋子 • 喝水	来园七件事： • 问早 • 插晨检牌 • 摆放书包 • 换衣服 • 换鞋子 • 喝水 • 心情故事记录

• 例如：甜嘴巴

3—4 岁的幼儿正处于敏感期，是学习做人的奠基期，在这个阶段培养幼儿的文明礼貌习惯，将会事半功倍，使幼儿终身受益。“甜嘴巴”就是抓住这个关键期，以文明礼貌用语为抓手，培养幼儿良好的文明礼貌行为，让良好品行植根在幼儿的每日生活中。（见表 1－8）

表 1－8　甜嘴巴的三个阶段

第一阶段	第二阶段	第三阶段
• ***，早上好 • ***，再见 • 我们一起玩吧 • 请你帮帮我 • 谢谢 • 我会的，我自己来(做) • 我想你了 • 请你让一让 • 给我玩一玩，好吗 • 我喜欢……	• 早上好 • 再见 • 谢谢 • 对不起 • 没关系 • 你真棒 • 你需要我的帮助吗 • 我们一起来试一试吧 • 没关系，慢慢来 • 你一定行的，加油 • 小心一点哦 • 请你等一等，好吗 • 身体好点了吗 • 好好休息哦 • 别忘了关……哦	• 对不起，请稍等 • 前面有人，等一等 • 你的玩具真好玩，你能教我怎么玩吗 • 我已经整理好了，你需要我的帮忙吗 • 别着急，我们一起想办法解决它吧 • 有话好好说 • 我赞同他们的意见 • 我和你想得不一样，请你听我说 • 我们都是大班的小朋友，谁有困难我们一起帮助他 • 我会做好的 • 今天我是值日生，这里是我负责的 • 我是大班的哥哥姐姐，我会照顾弟弟妹妹的

幼儿不仅是受教育者，而且是生活者。如何正确认识生活活动的教育意义，采取适当的策略引导幼儿了解其中的意义，就是一个重要的学前教育课题。如何做好幼小衔接、塑造幼儿的学习品质是学前教育的一个重要课题。当教师以实践性知识教学时，可以采取如下策略：教师可以将教育目标渗透在幼儿生活中，让幼儿在生活过程中了解教育目的。例如希望让幼儿理解“作业”的概念，与其让幼儿做练习题，不如让幼儿在生活中持续地做好一件事，如给家长带食物、做力所能及的家务等。通过生活中轻松的小任务，让严谨、抽象的教育目标（“作业”的概念）在生动活泼的氛围中得以达成。

在宛南实验幼儿园，我们在生活活动中布置以下“作业”。

第一，记录习惯的“作业”——饮水日记。在刚入园的幼儿问卷调查中，我们发现许多家长反映孩子喜欢喝“有味道的水”，不爱喝白开水；日常生活中，教师也发现幼儿经常在游戏、运动中忘记喝水。为了帮助幼儿清晰地了解喝水的益处，逐步养成生活中健康饮水的好习惯，我们创设了饮水日记这样的互动环境。幼儿养成良好的饮水习惯是一个循序渐进的过程，由此饮水日记应贯穿于不同的年龄段。通过不同的记录方式，既利于鼓励幼儿培养主动饮水意识，也利于教师进行日常的观察和专业的观察解读分析。

第二，了解自己的“作业”——宝贝好心情。从家庭生活到幼儿园集体生活，对幼儿来说是一个巨大的转变，陌生的环境、陌生的人很容易让幼儿产生情绪和交往问题。如何让幼儿尝试表达和控制情绪，了解并掌握一些情感表达和情绪转变的方法，让幼儿的不良情绪得以疏导和宣泄，就是我们创设宝贝好心情的初衷。不同的年龄段，教师关注的侧重点也各不相同。如小班幼儿能高高兴兴上幼儿园；中班幼儿能和同伴快乐交往；大班幼儿在分享情绪故事的基础上，尝试疏导和安抚，消除消极的情绪，保持快乐好心情。

第三，体验责任的“作业”——今日小当家。学做值日生是培养幼儿生活自理能力和劳动能力的重要途径。中班和大班的幼儿在实施过程中有着明显的不同，根据幼儿的年龄特点、认知经验、动手能力等方面的差异，设置不同的任务与内容，既让幼儿力所能及，也让幼儿在活动中增强获得感。（见表1－9）

表 1－9　中班和大班的任务与内容

中班	大班
• 整理玩具和图书 • 为小朋友准备学习用品 • 提醒小朋友注意安全 • 检查水龙头 • 帮助有困难的同伴(如扣纽扣、系鞋带等) • 为植物浇水 • 帮助保育员清洗玩具	• 管理自然角 • 修补班级里损坏的图书 • 擦洗整理橱柜、桌椅等 • 叠放桌布 • 帮助保育员清洁花园垃圾、落叶等 • 提醒同伴保持清洁和注意安全 • 照顾弟弟妹妹 • 播报新闻、午餐菜单等

生活活动实践性知识零星地散落在各个生活环节中，它们可作为幼儿活动的串联点。以幼儿的健康发展和兴趣作为开展生活活动的出发点和判断标准，同时教师也“需要通过自己的努力促进教育理论与教育实践的有机结合”①。

宛南实验幼儿园高度重视自然状态下开展的活动对幼儿天性的引导，坚信好的活动、好的环境应是让幼儿在自然环境中成为主角，让幼儿自主探索。在幼儿活动中，教师常常安排多样的户外活动，让幼儿亲近大自然，亲近动植物，通过教育环境渗透爱护绿色家园的环保意识。

• 例如：快乐花园

宛南实验幼儿园内的绿化面积率很高，教师带着幼儿制作人性化的环保标语，如草地长草的时候有“别踩我，我会疼的”等。每日的午餐环节后，教师开展“快乐花园”活动，幼儿可以在散步的过程中认识幼儿园中各种各样的植被，观察校园中各种植物的变化。中班和大班幼儿将个别化学习衍生到小菜园中，在小菜园中学习怎样扎稻草人，学习怎样堆肥，探索什么样的土壤更适合种植，感受节气对植物的影响等。这些活动有效地促进了幼儿学习基础素养的发展。

• 例如：植树采摘

针对每个园所种植的不同树木，教师设计了“找找树朋友”活动。在自己熟悉的幼儿园里，小班幼儿寻找梨树、枇杷树等 4 种树木，中班幼儿寻找水杉、紫荆等 12 种树木，大班幼儿寻找香樟、白玉兰等 12 种树木。教师也设计了系列学习活动，如每年果实丰收的季节，都会组织幼儿开展“宛南桂花节”“宛南橘子节”等活

① 管钰嫦.幼儿教师生活活动实践性知识的叙事研究[D].长春：东北师范大学，2017.

动，和幼儿一起尝试采摘，一起观察写生，一起调查研究，利用园所优越的植被资源，为幼儿提供深度学习的机会和空间。

• 例如：一米菜园

每一个园所都精心建造了屋顶菜园，每一个菜园都有各班级承包的菜地、瓜地等。屋顶菜园种植的各种植物给师生观察自然、探索自然世界中的生物、了解生命与水和日光的交互关系提供了鲜活的素材，使幼儿仿佛置身于大自然的天地中，直观地感受自然界的变化，从而激发幼儿探索自然、热爱自然的兴趣和情感。把环境的设计融入教育创新，以创建生物、环保、科学的幼儿生态园为主，形成保护环境、关爱自然的最佳教育形式。

三、参与其中的观察解读

如何更好地实现随机教育的教学效果？其中，教师对幼儿生活的观察和引导能力显得尤为重要。对于每一位教师来说，观察并不陌生，但是教师的日常观察更多地集中在知识性教学、运动活动和安全等领域，缺乏按照生活教育要求进行的幼儿生活观察，有不少片段式的记录却缺乏细致的分析。

根据目前既有的文献研究以及教学经验的总结，当前教师对于幼儿生活的观察存在以下几个问题：一是观察记录不准确、不客观、缺乏计划性；二是观察记录中的措施缺乏具体性；三是教师的积极性不高，观察记录流于形式。[①] 如果教师无法做到有效观察，那么生活教育课程的实施也就失去了可能性。

对策一：积累理论知识和实践经验，有计划地提升观察能力

教师需要有提高观察能力的主观意识。在实际工作生活中，教师应当有计划地阅读一些与幼儿教育、心理相关的文献等，积累幼儿行为方面的理论知识。除此之外，教师还可以向有较长从教经历的教师、幼儿家长等学习观察幼儿的经验。教师应当养成以学促教的日常习惯，不断提升自身的生活教育实践能力。

对策二：强化家园合作，形成家园观察的连贯性

大部分幼儿的生活是在家庭中发生的，为了更科学、合理地开展生活教育，教师要对幼儿在家的基本生活情况有所了解。因此，教师要主动与家长保持常态化联系，调动家长的积极性和主动性，这样便于教师能够及时找到问题出现的原因。

---

① 张咏.如何提高教师观察记录的实效[J].教育导刊·幼儿教育，2003(Z2).

在教师解决幼儿的行为或学习问题时，也需要家长和幼儿园一起配合，强化教师的教学策略，共同帮助幼儿健康成长。所以，教师需要与家长进行充分的沟通，以便更好地理解幼儿的持续行为及其变化，提高观察的准确性。

对策三：充分利用已有的平台、机制等，主动提升观察水平

教师在对幼儿进行观察时，有时只是按部就班地进行“流水账”记录，对于观察这项工作往往缺乏足够的动力，对于观察的影响和意义并不了解。为什么要观察幼儿的生活？如何记录幼儿的生活？观察之后教师应该怎么做？如何利用观察促进日常教学？这些问题时常萦绕在很多教师的脑海中。

教师要充分利用已有的平台、机制等，不断提升观察能力。例如参加定期的专项培训就是一种较好的方式，既能积累提升观察能力所必须具备的理论素养，又能从专业角度了解最新的观察方法和工具。让教师重视这种观察能力之余，也能结合实际工作，积极提出优化建议，如学校应从教学实用性角度减少一些不必要的考核、会议等，给教师留出更多的观察时间，而对幼儿的观察记录应作为一种教学考核要求。

宛南实验幼儿园着重打造“生活教育”，力求在生活中渗透教育的“内核”。值得一提的是，生活的“内容”不仅仅是四大板块中的生活活动，在广度上可以拓展为幼儿所能感知的方方面面，在深度上可以串联起幼儿不同时期的经验。

在宛南实验幼儿园，活动设计是从发现生活中的问题入手到认识问题，再到解决问题，坚持化牵为顺，顺应幼儿的天性和认知规律，逐渐提升幼儿主动提出问题的意识和能力。在与教师和同伴的互动中，不仅调动了幼儿主动探索、学习的兴趣，更在顺应天性中拓宽了幼儿思维的广度。

宛南实验幼儿园提出“保中育生活，教中显品质”的课程观，通过构建评价体系为生活教育课程观的落实保驾护航。这个评价体系的构建，对幼儿来说是聚焦经验，幼儿在课程实施中的参与将作为课程评价的重要依据，不仅提升了幼儿在课程实践过程中的主体地位，也加强了教师在保教过程中关注幼儿学习与发展的课程意识；对教师来说是循证改进，评价结果可以保证将细化的课程目标落实到每一个活动的设计和实施中，并及时调整与改进，保障活动的有效性；对家长来说是协同助评，评价过程可以帮助家长更好地了解幼儿的成长情况，同时可以实现家园的协同与支持；对幼儿园来说是动态监控，园所质量监控组依据评价结果可以实现对课程实施的动态监控，提升课程方案的可操作性，把控活动设计的合理性。

思考

1. 幼儿一天的在园生活，您会重点参与哪些环节？
2. 随机教育、经验迁移和观察解读，您觉得哪一项最具挑战性？

第二章

创设温馨的生活之家

生活家是温馨的生活之家，生活家里有会生活的小达人。

本章依据"二期课改"的新教材《生活活动》分为自理生活、文明生活、安全生活和共同生活。其中，午睡、盥洗、户外活动是幼儿在园的重要生活活动，不同活动在组织开展的过程中各有特点，教师需要根据活动特点采用不同的方法，挖掘其中隐藏的教育价值，促进幼儿的全面发展。

本章共收录了20多个操作方案，图文并茂地展现了生活活动的设计与实施；同时设置了素材选择、活动价值、环境创设、活动延伸等栏目。一方面，与大家分享宛南实验幼儿园开展生活教育课程的经验；另一方面，向广大教师展现宛南实验幼儿园的研究历程。

虽然不能逐一注明，但仍然借助具体问题的思考和关键细节的调整来凸显宛南实验幼儿园的特色，以便广大教师能够直观地理解日常生活活动与生活教育特色做法的异同之处。随着幼儿在园生活的展开，不仅增加了活动趣味性，也增加了和幼儿愉快共处的机会。

第一节　自理生活:做力所能及的事

一、自我服务

（一）来园几件事

【素材选择】

尽管中班幼儿已经对幼儿园晨间来园需要做的几件事情有了初步的感知，并且学会了饮水、换鞋、穿衣等基本的生活技能，但不放心的家长总是迫不及待地提前为孩子穿上衣服，叮嘱孩子要喝水，要向老师问好。这对于中班幼儿自我服务、自我管理能力的培养并不利。因此，通过来园几件事的环境创设，引起幼儿对来园到底要做哪些事的关注与了解，激发幼儿主动自我服务的意识和能力，使幼儿学会梳理来园几件事的操作顺序。

图 2－1　摆放整齐的书包

【活动价值】

1. 帮助幼儿了解来园几件事的内容和顺序，建立良好的生活习惯

通过生动形象的标志帮助幼儿了解来园到底要做哪几件事，从认知、态度等

方面引发幼儿的自我服务意识，帮助幼儿建立良好的生活习惯。

图 2－2　来园三件事

2. 促进幼儿的自我成长，提高幼儿的自信心和自豪感

教师要引导幼儿积极主动地完成来园几件事，并使幼儿逐步感受到自己能力的提升，提高幼儿的自信心和自豪感，从而为进一步培养幼儿独立自主的生活习惯打下基础。

图 2－3　插牌子

【环境创设】

第一，图示来园几件事，引发幼儿的兴趣，帮助幼儿了解来园几件事的内容和顺序；第二，图示晨检袋、衣帽架上的标签，通过查一查、挂一挂等步骤，锻炼幼儿的自我服务能力，激发幼儿自主完成来园几件事的积极性。

图 2－4　挂衣架

图 2－5　照片板

【活动目标】

看一看、说一说来园几件事要做哪些事，了解来园几件事的顺序；尝试做好来园几件事，愿意自己的事情自己做。

【活动重难点】

活动重点：知道来园几件事的内容和顺序。

活动难点：讨论来园几件事的顺序。

【活动过程】

1. 情境导入，激发兴趣

小熊第一天上幼儿园，老师说："妈妈送到门口就行，请你自己进教室。"这可把小熊急坏了，他从来没有自己一个人进过教室，进教室前到底要做哪些事呢？

关键提问：进教室前要做哪些事？一共有几件事？

小结：来园要做五件事，问早、插晨检牌、换衣服、换鞋子、喝水。

2. 了解来园五件事的顺序

关键提问：来园五件事，先做哪一件事最合适？

小结：我们一起来试一试，看看按照这样的顺序完成来园五件事是不是会方便一些。

关键提问：做这五件事的过程中有没有遇到困难？

小结：来园五件事，其实并不难。先插牌子打招呼，再来换鞋换衣服，最后喝杯白开水，走进教室来游戏。

3. 总结延伸

明天，我们一起来做来园五件事，有信心吗？其实，我们的小手很能干，只要多尝试，就一定会发现：我能行！

【师幼互动】

1. 对话一

教师：进教室前要做哪些事？

幼儿1：要喝水、换鞋。

幼儿2：打招呼、插牌子、换衣服。

2. 对话二

教师：数一数一共有几件事？

幼儿1：三件事情。

幼儿2：五件事情。

幼儿3：九件事情。

幼儿4：很多事情。

幼儿5：是五件事情。

3. 对话三

教师：来园五件事，先做哪一件事最合适？

幼儿1：先换衣服、换鞋子。

幼儿2：手里拿着牌子怎么换衣服？

幼儿3：牌子先放在旁边的地板上。

幼儿4：可以先把牌子插好。这样手就空出来了，就可以换衣服、换鞋子了。

4. 对话四

教师：做的过程中有没有遇到困难？

幼儿1:我老是忘记喝水。

幼儿2:插好牌子就可以喝水了呀,这样一下子全做完了。我觉得这样很方便。

幼儿3:我觉得要在换衣服前面喝水。

幼儿4:我觉得喝水可以最后喝,因为喝水的地方在教室餐厅里面。

(大家对喝水应该放在插牌子、打招呼后还是放在来园五件事的最后产生了分歧。)

教师:大家觉得哪种方法比较合适?

幼儿5:插牌子的地方离换衣服的地方比较近,可以换完衣服和鞋子再喝水。

幼儿6:可是你换好衣服再喝水,不是手又脏了吗?应该插好牌子、打好招呼就喝水。

幼儿7:那么请老师把插牌子的位置移到饮水机那里,就可以插好牌子直接喝水了。

(经过投票,大家同意幼儿7的方法。教师通过调整插牌子的位置后,来园五件事顺序变成打招呼、插牌子、喝水、换衣服、换鞋子。)

【儿歌】

来园五件事

来园五件事,其实并不难。

先打招呼插牌子,再来喝杯白开水,

最后换衣服换鞋,走进教室来游戏。

【活动延伸】

教师及时将幼儿自主完成来园五件事的照片传给家长,取得家长对活动的支持和对教师的信任。教师后期运用家长开放日等环节,请家长来园观摩来园五件事的活动环节,引导家长发现孩子的能力,并给予孩子信任的拥抱和夸奖。

(案例提供:陈逸琪)

（二）快乐小餐盘

【素材选择】

健康是幼儿一切身心发展的根本条件，为幼儿的终身发展奠定良好的素质基础。《指南》中提到："幼儿阶段是儿童身体发育和机能发展极为迅速的时期，也是形成安全感和乐观态度的重要阶段。发育良好的身体、愉快的情绪、强健的体质、良好的生活习惯和基本生活能力是幼儿身心健康的重要标志，也是其他领域学习与发展的基础。"因此，关注幼儿的身心全面健康发展是教育目标的重中之重。

图 2-6　快乐小餐盘

宛南实验幼儿园一直抓住幼儿一日生活中各个环节的教育契机，不放过任何一个能帮助幼儿建立良好生活习惯的小环境。针对幼儿的健康问题，园所制定了适切的教育策略。而幼儿的快乐进食又是其身体健康发展的基础，因此快乐小餐盘的主题诞生了，其素材选择的缘由包括以下三点。

1. 幼儿挑食、偏食情况严重

《指南》中的健康领域目标明确指出"不偏食、挑食，不暴饮暴食，喜欢吃瓜果、蔬菜等新鲜食品……吃东西时细嚼慢咽"等。而当今幼儿普遍被视为家中宝，家长对他们疼爱有加，平日里较为重视幼儿的生活照料，却较少培养幼儿独立自主的习惯和意识。由于家长对幼儿的溺爱娇宠以及疏于对幼儿饮食上的正向引导，幼儿往往会因为食物的气味或外观、零食摄入过多、牙床发育不佳等原因出现挑食、偏食等问题，这样的现象越来越普遍。

2. 幼儿欠缺良好的独立进餐习惯

家长追着幼儿吃饭的场景越来越多，幼儿进餐需喂食、进餐时分心等现象较为普遍。对于3—6岁幼儿的健康饮食来说，不仅要为幼儿提供全面均衡的营养食材，更要重视培养幼儿的饮食习惯和进食情感，帮助幼儿了解食物的营养价值，培养愉悦进餐的情绪。

3. 一成不变、枯燥无趣的就餐环境亟待改变

在平日的就餐过程中，有些教师往往会一味地强调就餐规则，而忽略了对幼儿就餐心理的关注。不仅要让幼儿学会就餐，还要让幼儿爱上就餐。在餐点环节中，教师应当创设健康宽松的就餐环境，多给幼儿一些就餐时间，根据幼儿的年龄特点，满足幼儿的就餐需求。

餐厅是幼儿每天就餐的重要场所，教师要充分利用环境对于幼儿的潜在影响。摆脱一成不变、枯燥无趣的就餐环境，创设温馨有趣、具有教育功能的就餐环境，将教育价值融入餐厅的环境布置中，从而让幼儿在边看边学的过程中习得进餐礼仪、习惯、规则等。

图2-7　餐厅环境

【活动价值】

1. 喜爱进食，养成良好的习惯

根据快乐小餐盘的教育理念，教师为幼儿创设一个宽松愉悦的就餐环境，让幼儿充分享受就餐过程，体验就餐对身体健康的重要性，让幼儿真正爱上就餐。除此之外，教师也同样关注幼儿在就餐过程中的习惯养成，例如就餐的坐姿、手握餐具的方法、餐桌整洁程度、餐后漱口等。3—6 岁是幼儿习惯养成的关键期，宛南实验幼儿园的生活教育注重对幼儿习惯和规则的培养，在温馨的就餐环境中，融入不同的就餐规则，结合教师平日的观察指导，帮助幼儿养成良好的就餐习惯。

2. 自我管理，体验成长乐趣

就餐环节中，教师不仅注重幼儿的健康问题，还重视培养幼儿的自我管理能力，如中班的分配点心、大班的餐点值日生等，让幼儿在管理自我的过程中体验成长乐趣，感受为集体做事的乐趣，获得自我成就感。

3. 结合课程，渗透教育内容

餐厅是实施教育的重要场所和途径。在幼儿餐厅中，不仅给幼儿提供了就餐环境，还结合了所开展的主题活动内容。宛南实验幼儿园充分利用各个餐厅的特色，将个性化课程融入餐厅的环境布置中，不仅做到一步一景，更做到一步一知，将教育小知识贯穿在幼儿园的各个活动室中，贯穿在幼儿一日生活的各个小细节中。

【环境创设】

1. 硬件环境

将餐厅装修成风格各异的主题餐厅，如宝贝厨房、西餐厅、中餐厅、动物餐厅等。通过创设不同主题风格的餐厅环境，激发幼儿对就餐的喜爱之情。

图 2－8　宝贝厨房

图 2－9　西餐厅

图 2－10　中餐厅

2. 软件环境

（1）通过环境布置中的规则提示，帮助幼儿养成更好的就餐规则，如摆放餐具规则、吃饭保持整洁、进餐保持安静等。

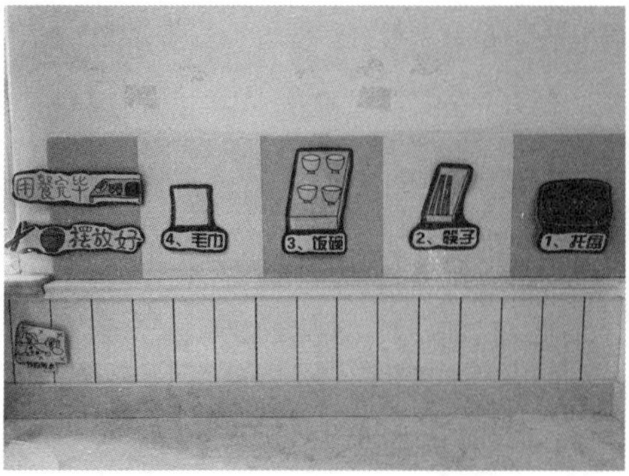

图 2－11　摆放餐具规则

图 2－12　就餐规则

（2）通过创设点心墙和今日点心，让幼儿自主分配点心。根据每天吃的点心种类和数量进行合理安排，锻炼幼儿的自我管理能力和数字应用能力。

图 2－13　点心墙

图 2－14　今日点心

（3）在餐厅中放入有趣的餐点小知识，例如西餐礼仪、中国传统食物等，让幼儿在养成良好就餐习惯的同时，也能拓宽视野和了解更多的美食小知识。

图 2－15　西餐礼仪小知识

图 2－16　如何使用筷子

图 2－17　节日习俗小知识

图 2－18　面粉变面团小知识

（4）在餐厅中，不仅有进餐规则、餐点分配等通用的环境内容，还有根据不同班级的特色课程布置的个性化内容。餐厅也是开展生活教育的重要场所，利用餐厅环境的创设，渗透有关幼儿健康的主题内容。

图 2－19　菜品墙

图 2－20　我是小厨师

图 2－21　紫甘蓝大变身

图 2－22　上海小吃

图 2－23　食物墙

【师幼互动】

1. 对话一

教师：你平时最希望妈妈烧什么菜吃呢？为什么？

幼儿 1：我最喜欢鸡翅，鸡翅的味道很好吃。

幼儿 2：我最喜欢吃南瓜，因为南瓜的颜色很漂亮。

幼儿 3：我最喜欢吃胡萝卜，因为胡萝卜能让眼睛亮亮的。

2. 对话二

（观看视频《粮食的来之不易》）

教师：你知道平时吃的这些粮食都是哪里来的吗？

幼儿 1：粮食是农民伯伯辛辛苦苦种出来的。

教师：没错，有一粒小米饭有话要对大家说，你们听。

小米粒：小朋友们，你们知道我是怎么诞生的吗？你们瞧农民伯伯在做什么？

农民伯伯在插秧，他们的双脚每天都泡在泥水中，整天弯着腰，时间长了，腰酸背痛得不得了，只为了快点让我长大。

小米粒：在农民伯伯的精心照顾下，我长成了禾苗，为了让我更加健康地长大，农民伯伯每天都要做什么？（锄草、施肥、引水浇灌、喷洒农药……）

小米粒：半年过去了，我终于成熟了，农民伯伯这下能休息了吧。可是，农民伯伯还要割稻子、捆成捆、运输、脱粒、去稻壳、加工，我才变成了你们现在看到的样子。

教师：小朋友们，所以你们说粮食来得容易吗？为什么？

教师：为了种出粮食，农民伯伯每天经历风吹日晒，洒下辛勤的汗水，是他们的辛苦劳作才让我们可以吃到粮食，所以我们要加倍地爱惜粮食，绝对不能随便浪费哦！

3. 对话三

（情景表演：餐厅礼仪知多少）

教师：就餐是件快乐的事，那你知道就餐时都有哪些文明礼仪吗？

幼儿 1：小手端好饭碗，身体坐坐好，不能吃得乱糟糟。

幼儿 2：吃完饭后要擦嘴漱口，把餐具放放好。

教师：你们说得真棒，都是就餐文明的好孩子！

【儿歌】

用餐礼仪

筷子手中拿，椅子坐坐好。

吃饭小嘴不说话，自己的饭菜拿拿好。

垃圾扔进垃圾桶，桌子地面都干净。

图 2－24　漱口区

图 2－25　用餐礼仪

【活动延伸】

就餐环节中蕴含了许多教育价值，让幼儿养成良好的就餐习惯，是一个较为持久的过程。为了帮助幼儿养成良好的就餐习惯和礼仪，"快乐小餐盘"活动可以结合集体教学、个别化学习和角色游戏进行后续拓展。例如小班的个别化学习活动"给小动物喂食"和中班的个别化学习活动"夹豆子"都是围绕"会正确使用就餐工具"这个核心经验延伸和拓展的。另外，教师发现饭菜浪费现象较为严重，所以随即开展了集体教学活动"农民伯伯的一天"，让幼儿知道种庄稼的不易以及珍惜粮食的道理。角色游戏中创设了小餐厅，让幼儿当了一回厨师和服务员，可以烹饪食物和整理餐具等。

图 2－26　夹豆子

图 2－27　给小动物喂食

"快乐小餐盘"活动旨在让幼儿喜爱食物，文明就餐，从小养成良好的就餐习惯，为幼儿的身心健康打下坚实的基础。

（案例提供：陈迤悦）

（三）如厕好习惯之我会拉㞎㞎

【素材选择】

小班幼儿入学时，会遇到很多困难，比如独立如厕。幼儿园开放式的厕所与家里的厕所有很大的不同，陌生的环境和新的如厕方式会使小班幼儿产生不同程度的害羞与畏惧情绪，因此他们害怕在幼儿园拉㞎㞎。

为了缓解拉㞎㞎给幼儿带来的心理压力，通过学习故事《我会拉㞎㞎》，让幼儿了解正确的如厕过程，知道有便意就要及时如厕，养成每天排便的好习惯。通过环境提示，减少幼儿的如厕困难，帮助他们克服心中的害羞与畏惧情绪。

图 2－28　厕所

【活动价值】

1. 童趣形象，满足喜好

小班幼儿对周围世界充满浓厚的兴趣，喜欢形象生动、色彩鲜艳的事物。根据小班幼儿的特点，教师利用“河马拉臣臣”的形象，呈现了河马的如厕过程。这既满足了幼儿的好奇，也帮助幼儿直观地了解了如厕过程。

2. 关注健康，养成习惯

为了帮助幼儿养成每天如厕的好习惯，并学会关注自己的健康，教师在盥洗室中增设了与幼儿互动的排便记录墙面，让幼儿自己记录每日排便情况，同时也提示幼儿每天都要排便。

此外，教师还在盥洗室中增设了“便便知多少”的墙面，帮助幼儿知道多吃蔬菜、水果有助于排便，鼓励幼儿多吃蔬菜、水果，关注自己的身体健康。

3. 故事引导，掌握方法

小班幼儿在如厕时会遇到许多困惑，通过故事形式呈现如厕过程，如在盥洗室中投放绘本《我会拉臣臣》，让幼儿点一点、听一听，帮助幼儿减少如厕困难，使幼儿更加了解并巩固正确的如厕过程，增强幼儿的生活自理能力，并掌握相应的生活技能。

【环境创设】

第一，通过小河马如厕的卡通形象，以故事形式呈现了河马拉㞎㞎的过程，帮助幼儿了解正确的如厕过程，使幼儿养成良好的如厕习惯。小河马的如厕过程是脱裤子、拉㞎㞎、擦屁股、冲马桶、洗手。

图 2－29　河马拉㞎㞎

第二，通过“今天你拉㞎㞎了吗?”的提示板，让幼儿记录每天自己拉㞎㞎的情况(早上在家中、中午在幼儿园、晚上在家中)。这不仅能让幼儿知道每天都要拉㞎㞎，也能帮助教师更加清晰地了解幼儿的排便情况。

图 2－30　拉㞎㞎照片墙

图 2－31　拉㞎㞎记录墙

图 2－32　拉㞎㞎好方法

第三，教师在盥洗室投放绘本《我要拉㞎㞎》，利用点读笔让幼儿知道有便意要及时如厕,养成良好的如厕习惯,并巩固如厕过程。

第四,通过可爱的卡通形象以及围绕在卡通形象周围的食物,让幼儿知道多吃蔬菜、水果、粗粮等食物有助于排便。

图 2-33　绘本《我要拉尼尼》

图 2-34　厕所内的卡通形象

【师幼互动】

1. 对话一

教师:幼儿园的厕所和家里的有什么不一样?

幼儿 1:幼儿园马桶小小的;我家的马桶,妈妈会套一个卡通的东西,我才坐在上面。

幼儿 2:我也有的,我家里是绿色的小马桶,幼儿园是白色的。

2. 对话二

教师:小河马上厕所做了哪些事情?

幼儿 1:小河马上厕所先脱裤子,再拉尼尼。

幼儿 2:河马会自己擦屁股,很厉害的。

幼儿 3:河马还会冲冲水。

幼儿 4:我看到小河马还会洗手的。

3. 对话三

教师:你们每天拉尼尼吗?拉尼尼有什么好处,知道吗?

幼儿 1:我每天早上起床,妈妈会让我在马桶上坐一会儿,就会拉尼尼。

幼儿 2:妈妈说,拉尼尼是帮助身体排出脏东西。

幼儿3:有时候不拉㞎㞎,妈妈会给我喝甜甜的水。

4. 对话四

教师:你拉㞎㞎有什么困难吗?

幼儿1:我不会自己擦屁股,我妈妈说大人会帮忙的。

幼儿2:家里的马桶太高,我要妈妈帮忙才能爬上去。

5. 对话五

教师:知道怎样养成每天拉㞎㞎的习惯吗?

幼儿1:多吃蔬菜、不挑食、吃水果、吃山芋也会拉㞎㞎、每天好好睡觉……

【儿歌】

我会拉㞎㞎

肚子痛了拉㞎㞎,快点快点上厕所。

坐上马桶用用力,上完厕所擦屁屁。

马桶记得冲一冲,拉完便便洗个手。

每天都要拉㞎㞎,养成如厕好习惯。

【活动延伸】

除了在盥洗室中创设了有趣的盥洗室故事外,教师还在生活环节中增设了与如厕相关的内容,帮助幼儿学习正确的如厕方法,养成良好的排便习惯。在学习活动中,教师通过开展"我要拉㞎㞎"相关活动,让幼儿了解拉㞎㞎有利于身体健康。同时,通过家园共育,鼓励家长在家中也让幼儿独立如厕,养成自己的事情自己做,增强幼儿的生活自理能力。

(案例提供:单俊怡　刘怡琳)

(四) 如厕好习惯之我会擦屁股

【素材选择】

"拉完便便擦屁股"这件事是生活中的小技能,如果做不好也会成为幼儿的小困扰。有些幼儿不愿在学校大便,可能因为害羞、不习惯;有些幼儿便秘,可能因为饮食等不良习惯造成的；还有些幼儿自己不会擦屁股……由此看来，学会擦屁股这件小事并不是一件简单的小事，是为了更好地帮助幼儿形成良好的生活习惯和自理能力。教师可以通过点读笔听一听、连线绳玩一玩、示意图看一看等多种方式，在幼儿与环境的互动中让擦屁股这件小事学起来更有趣。

【活动价值】

1. 健康生活添活力，自我服务有提升

教师通过创设丰富多彩的健康生活环境，让幼儿在与环境的互动中，不断提升自我服务能力。“我会擦屁股”活动图示是宛南实验幼儿园盥洗室的特色环境之一。教师根据幼儿的年龄、兴趣和发展需求，在盥洗室里开辟了一个小角落，运用实物展台、墙面环境等方式来呈现。

2. 品质生活技能多，自我服务有一招

有品质的生活来源于娴熟的生活技能，更来源于良好的生活习惯。当教师指导幼儿学习上厕所的方法后，幼儿也需要在盥洗室里多加练习。怎样才能够调动幼儿的主观能动性，解放教师的双手，让幼儿自主练习这些生活本领呢？盥洗室的环境优势就凸显出来了，在养成性环境中，少了教师的叮咛，少了家长的催促，幼儿自己看看说说、理解、记忆与上厕所有关的内容，在反复的实践中，学习了做事的条理性。

【环境创设】

第一，通过观察图示箭头，了解从前往后擦屁股的正确方法；第二，通过观察图示，学习自己动手包肚子的方法；第三，通过观察实物，了解不同种类的便纸以及其不同的使用方法，如抽纸、卷筒纸等。

【儿歌】

我会擦屁股

卫生纸，手里拿，折好纸巾蹲下来。

从前往后擦一擦，便便跑到纸上了。

再把纸巾折一折，便便折进纸里去。

擦一擦，看一看，小小屁股干净啦！

【活动延伸】

幼儿在盥洗室的故事中了解擦屁股的方法和步骤还不够，教师需要仔细观察幼儿在园的擦屁股情况，并针对不同情况进行有效的个别指导。此外，也离不开家长的配合。教师可以利用家园联系栏、班级微信群与家长进行沟通，帮助家长了解幼儿学习擦屁股的重要性，尽量提供机会让幼儿自己动手尝试，从而逐步掌握生活小技能。

（案例提供：戴丽丽）

（五）如厕好习惯之便便日记

【素材选择】

进入中班后，幼儿对园所环境更加熟悉，越来越多的幼儿愿意在幼儿园拉便便。然而，幼儿却很少关注自己的便便，总觉得便便是臭臭的东西，每次都快速地将便便冲掉。其实，便便能够直观地反映幼儿的身体情况。通过开展“便便日记”活动，帮助幼儿了解便便的形成原因，引发幼儿关注自身的健康，帮助幼儿更好地进行自我服务，提高他们的生活自理能力。

【活动价值】

1. 环境互动巧体验

例如幼儿通过连线小游戏了解便便不同的形成原因，利用点读笔自主地选听自己感兴趣的内容或自己尚未掌握的内容等。如果幼儿对拉便便产生困惑，那么还可以在绘本《我会拉便便》中找到答案。多种形式的环境创设，让幼儿在盥洗室中的活动更有趣、更自主。

2. 自我管理好处多

虽然中班幼儿已经有了初步的自我服务能力，但是对自己身体状况的关注还比较少，需要教师一遍一遍地提醒与叮嘱。如何才能让幼儿更多地关注自己的身体状况呢？通过盥洗室的环境创设，幼儿可以了解便便的不同形态，可以知道如何才能拉出健康的便便以及不同的便便代表不同的身体状况。从对便便的关注延伸到对身体状况的关注，从而养成自我管理、自我约束的好习惯。

【环境创设】

第一，通过连线小游戏的形式，把食物与不同的便便关联起来，让幼儿在游戏中体验吃什么才能拉出健康的便便；第二，通过增设点读笔，让幼儿在点一点、听一听的过程中学习排便通畅的好方法；第三，通过投放幼儿喜欢的绘本，让幼儿在自主阅读的过程中积累与拉便便相关的知识经验。

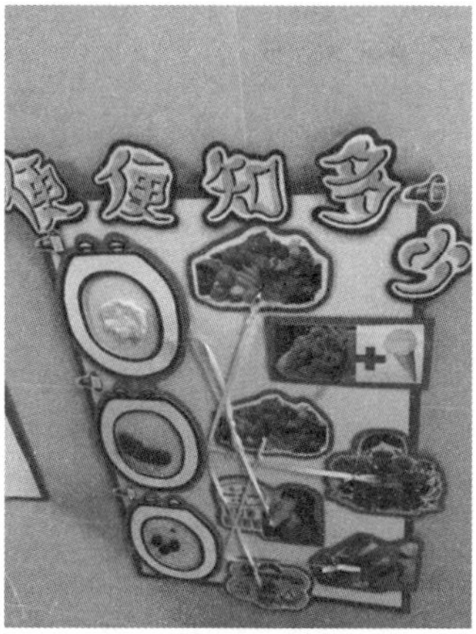

图 2-35　便便知多少

图 2-36　绘本《我会拉便便》

【师幼互动】

1. 对话一

教师：你会自己拉便便吗？

幼儿1：会的，我平时都是用自己的小马桶拉便便。

幼儿2：不会，我不会自己擦屁股，要爸爸妈妈帮忙。

2. 对话二

教师：你知道什么样的便便是健康的，什么样的是不健康的吗？

幼儿1：有的时候吃了冰的东西或者着凉了，我就会拉稀，这是不健康的。

幼儿2：一粒粒的小球也是不健康的，要很用力才能拉出来。

幼儿3：健康的便便是像香蕉一样的形状。

3. 对话三

教师：你知道怎么样才能拉出健康的便便吗？

幼儿 1：多喝水。

幼儿 2：多吃蔬菜水果。

幼儿 3：养成每天按时排便的好习惯。

【儿歌】

健康便便歌

蔬菜水果是个宝，各种粗粮来一点。

多喝水来多运动，辛辣油腻少一点。

宝宝便便才通畅，身体健康精神好。

【活动延伸】

第一，集体教学活动。在了解幼儿对于便便的热点问题的基础上，教师设计了“我会拉便便”“便便的奥秘”等集体教学活动。只有基于幼儿的经验，教学活动的内容才能更适切，才能进一步丰富幼儿对于健康的便便的认识。第二，便便小记录。幼儿在园所如厕后，可以进行记录，帮助家长了解幼儿在园所的如厕情况。

（案例提供：韩佳婕）

二、我爱劳动

（一）今日小当家

【素材选择】

开展“今日小当家”活动是培养幼儿自理能力、劳动能力的重要途径。幼儿非常喜欢做班级“小当家”，可是在观察幼儿的活动情况后，教师发现幼儿的兴趣往往是三分钟热度。大部分幼儿抢着参与却慢慢忘记了自己的职责，工作了一半就忍不住离开，不喜欢的工作就不参与……由于幼儿的能力有限，“小当家”的工作大多是在教师的提醒和帮助下完成的，形式大于实际。于是，宛南实验幼儿园相继开展了一系列“小当家”活动，在相互讨论中，师生共同制定了详细的“小当家”守则，指导幼儿学习劳动方法。教师尝试放手，让幼儿学会管理自己和服务集体，真正成为班级的小主人。

【活动价值】

1. 积累生活经验，提高动手能力

“小当家”的各项小任务给幼儿提供了多种多样的挑战。在完成任务的过程中，幼儿积累了生活经验，提高了动手能力。比如卫生清洁员尝试整理玩具，帮助小朋友清洁桌椅，学会了分类好方法；餐点播报员介绍餐点的名称和营养，尝试收集资料并大胆表达；自然角管理员照顾自然角，为小动物换水、喂食，了解动植物的生活习性……这些日常生活中简单的小事，对幼儿而言，却是难能可贵的锻炼机会，幼儿可以从中体验劳动的乐趣，渐渐地热爱劳动。

2. 帮助身边同伴，培养责任意识

“小当家”是一种责任，让每一个幼儿都有更多的机会、更多的形式为集体服务。“小当家”评选也是一种荣誉，教师应该给幼儿一个正确的导向，让幼儿关注和理解“自己做的事情，为大家带来了什么，使集体发生了哪些变化”，让幼儿因为帮助了别人而感到高兴，引导幼儿将关心他人、为他人服务的体会延伸到家庭生活中。

3. 学会协商分工，提升合作能力

每天都有 5 至 6 位幼儿担任“小当家”，许多工作需要大家一起完成，这就要求幼儿学会商量、分工和合作。幼儿可以在教师的引导下共同商量怎样分工最合理。安全服务员、餐点播报员、卫生清洁员、自然角管理员可以为班级、幼儿园、同伴、弟弟妹妹做些什么？“小当家”的哪些任务需要合作？什么时候需要合作？幼儿在实践的过程中逐渐习得分工和协商的方法，形成一种班级公约，使“小当家”的活动更有意义。

【环境创设】

1. “小当家”标志牌

幼儿佩戴标志牌，不仅可以增强幼儿为集体服务的自豪感，也可以帮助幼儿明确“小当家”的职责。中班幼儿的标志牌可以是打印的图片，这样利于幼儿了解自己的任务；大班幼儿的标志牌可以是幼儿自己的手绘作品，这样利于激发幼儿对“小当家”工作的情感。

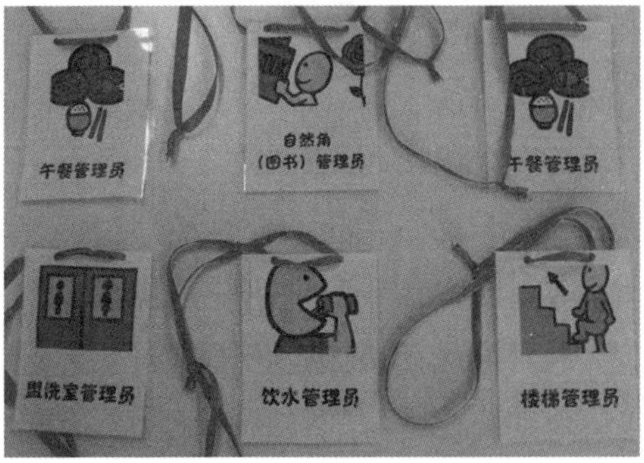

图 2－37　“小当家”标志牌

图 2－38　“小当家”工作内容

2. “小当家”工作计划与“小当家”公约

“小当家”工作计划主要呈现“小当家”的任务安排和“小当家”的名片。“小当家”公约用图示和简单的文字呈现。“小当家”公约是幼儿和教师共同讨论、商量制定的，将“小当家”的分工和工作要求通过照片、绘画等形式呈现出来，并布置在班级环境中，既让幼儿明确不同的任务，也是评价“小当家”工作的依据。

图 2－39　“小当家”工作计划

图 2－40　“小当家”公约

图 2－41　我是勤劳的小蜜蜂

3.“小当家”评价表

在“小当家”评价表中，幼儿可以用投票的方式对工作认真的“小当家”进行评价，评选出最佳“小当家”。

图 2－42　“小当家”评价表

【活动目标】

幼儿在“小当家”中了解值日生的不同职责，能认真负责地完成自己所接受的任务；愿意为同伴和班级服务，体验劳动带来的快乐。

【活动重难点】

活动重点：了解“小当家”的各项分工和任务，包括安全服务员、卫生清洁员、餐点播报员、自然角管理员等。

活动难点:能坚持完成自己承担的任务。

【活动过程】

1. 观摩保育教师的劳动

第一,和保育教师预约观摩时间,使幼儿对观摩活动产生期待;第二,为保育教师拍摄工作照,包括清洁橱柜、整理桌椅、分发餐具等;第三,采访保育教师,如你在干什么,怎样才能把事情做好等;第四,为保育教师送上掌声,表示自己的感谢,并知道为大家服务很光荣。

2. 了解“小当家”的任务

(1) 安全服务员

第一,在户外运动前,提醒同伴安全注意事项;第二,协助保育教师检查同伴的鞋带有无松散;第三,提醒同伴不要在室内奔跑,避免意外冲撞;第四,活动结束后,协助保育教师整理桌椅。

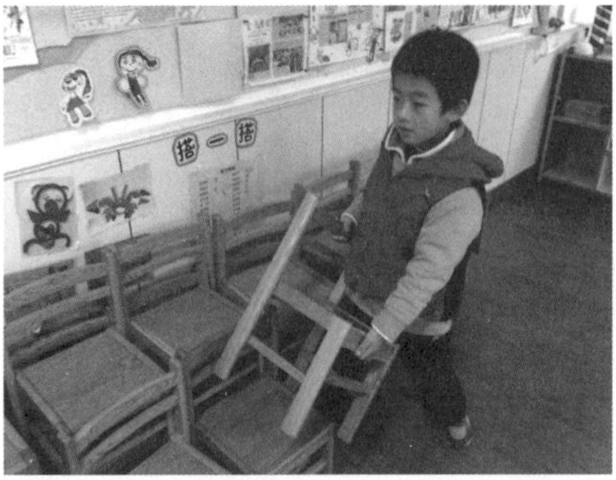

图 2-43　整理桌椅

(2) 卫生清洁员

第一,协助保育教师在餐厅里分发餐具和摆放碗筷;第二,提醒同伴进餐结束离座后要整理餐桌;第三,为同桌添饭盛汤;第四,提醒同伴用正确的方法洗手,并及时关紧水龙头;第五,帮助同伴午睡起床后整理仪表。

图 2-44　摆放碗筷

图 2-45　整理餐桌

(3) 餐点播报员

第一，在教师或家长的帮助下，幼儿根据食谱查找相关的营养知识，并收集一些相关的儿歌、谜语等；第二，把介绍食谱的任务交给每天的1至2名“小当家”，利用餐前5分钟向同伴分享营养知识。

(4) 自然角管理员

第一，参与布置自然角；第二，每天轮流负责管理自然角，如给金鱼换水和喂食，给植物浇水，整理自然角等。

图 2-46　布置自然角

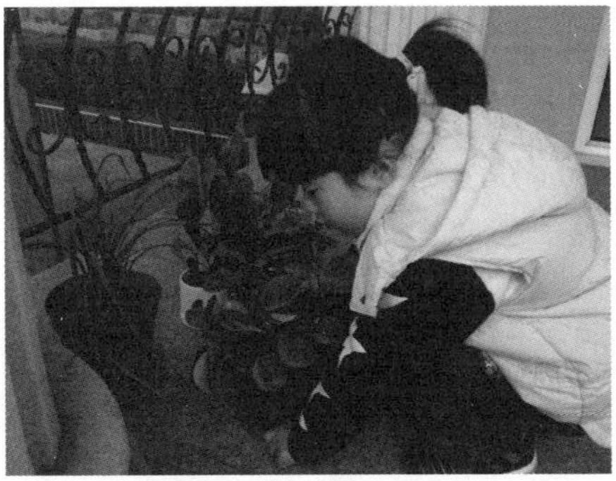

图 2-47　摆放植物

3. “小当家”交接会

在每天离园的时候，安排5分钟左右的时间举行“小当家”交接会。其主要内容：用掌声和语言感谢当天“小当家”的工作；请当天的“小当家”将标志牌移交给第二天的“小当家”，提醒他们做好准备；周五的交接会内容可以有所增加，评选出本周工作出色的“小当家”，包括准时的“小当家”、能干的“小当家”、友好的“小当家”、进步的“小当家”等。

图 2－48　评选“小当家”

4.“小当家”故事会

第一，定期举行“小当家”故事会，将实例拍成照片播放给幼儿看；第二，引导幼儿对生活中的实例进行讨论和交流，生成一些幼儿感兴趣的力所能及的劳动，如关紧盥洗室没有关紧的水龙头、修理损坏的小椅子等；第三，及时鼓励提出问题和愿意积极互动的幼儿。

图 2－49　“小当家”故事会

【师幼互动】

1. 对话一

平平说："我是卫生清洁员，我才是卫生清洁员……是我第一个选的。"

小恒也坚持着说："是我第一个插牌子的。"

两个幼儿争抢起来，谁也不肯让。

指导策略：为什么幼儿都要抢着当卫生清洁员？他们或许认为卫生清洁员可以"管人"。其实，值日工作是为了让所有的幼儿都去体验劳动和协作，这样才能使值日工作更具意义和价值！

如何才能帮助幼儿学会分工和协商呢？做法如下：一是让幼儿共同讨论决定；二是提前一天共同协商分工；三是采用公平的轮换制。

2. 对话二

薇薇问道："孙老师，今天没有人当餐点播报员？"

孙老师说："那你是否愿意帮忙呢？"

薇薇点了点头就去看今天的菜单了。随后几天，也发生了餐点播报员职位空缺的情况。

指导策略：了解幼儿没有选择当播报员的原因是首要的。午餐播报的任务是向同伴介绍午餐食谱，需要事先准备，无形中就让幼儿感受到一定的压力，担心自己说不好或是忘记准备都是幼儿不选择当餐点播报员的原因。教师可以采用多种方式来调动幼儿的积极性，具体做法如下。

一是提前发布食谱，便于幼儿做好准备。教师可以提前在家园公告栏或班级微信群公布下一周的食谱，让幼儿有足够的时间做准备，收集相关的营养知识等。

二是指导编排内容，丰富幼儿的播报形式。如儿歌播报，让幼儿在倾听、感受、品尝的过程中对食物及其营养价值有初步的认识；谜语播报，让幼儿在倾听、猜测、品尝的过程中喜爱上各种菜肴；知识竞赛，由值日生提出问题，请大家回答，这样的播报方式可以大大提高互动参与性。

三是爱心激励，鼓励幼儿勇于表达。我们制作了"小小播报员"表格，鼓励幼儿主动为午餐播报员贴上小爱心，以此鼓励幼儿积极参与其中，培养幼儿为他人服务的意识。

【儿歌】

今日小当家

太阳出来眯眯笑，

小当家呀来得早。

先把桌子擦干净，

再把椅子摆摆好。

玩具图书放整齐，

再给花儿把水浇。

小朋友们眯眯笑，

今天的小当家呱呱叫！

【活动延伸】

大班幼儿除了在班级中承担任务外，还可以走出教室，成为幼儿园大环境的“小当家”。如环保员负责照看屋顶花园的植物，提醒大家保持整洁和爱护环境；安全员提醒全园的幼儿有序通行和注意安全；整理员帮助教师整理各种器械和玩具；卫生员提醒大家早上来园时有序洗手。

（案例提供：孙　瑾）

（二）菜园新鲜事

【素材选择】

菜园里的蔬菜渐渐长大，露出了小苗苗！幼儿们发现叶子上有了小洞洞，该怎么办呢？于是，大家围绕“如何保护菜园”纷纷提出了想法。在任务驱动下，“稻草人”出现了。一个、两个、三个，遍布菜园，随处可见的“稻草人”换来了幼儿的安心。可是没过多久，幼儿发现了新的问题——这么美的菜园怎么没有小鸟来玩呢？幼儿发现“稻草人”似乎成了小鸟的“克星”。于是，又引发了新的争论。“小鸟不会一直偷吃我们的菜，它们只是肚子饿了或是累了来做客的。”“那我们该不该给做客的小鸟准备些吃的呢？”共生共存的话题在幼儿的讨论中逐渐发酵。

图 2－50　菜园的一角

【活动价值】

1. 解决问题，化“牵”为“顺”

化“牵”为“顺”，培养幼儿主动提出问题的意识，从而研究真问题，解决真问题，获得真经验。在与教师和同伴的互动中，不仅激发了幼儿主动探索、主动学习的兴趣，还拓宽了幼儿思维的广度。当幼儿刨根问底时，学习的动力就被激发了。正因为幼儿对“稻草人”的执着，正因为教师对幼儿的尊重，才引发了一系列的后续话题，产生了一系列的学习过程，积累了一系列的真实经验。

2. 合作沟通，化“少”为“多”

在学习过程中，有的幼儿分享自己成功的经历，有的幼儿分享自己喜悦的心情。为了一个项目的顺利进行，他们相互合作，共享经验，在团队活动中尝试沟通，紧密联系，在乐群好学的氛围中形成一个学习共同体。

3. 思辨创新，化“受”为“建”

在活动过程中，幼儿不再是被动的接受者，而是主动的建构者。幼儿用其内在的学习动机和外在的学习兴趣触发了新的学习内容，开启了新的探究项目。每一个幼儿都积极主动地参与活动过程，每一个幼儿都从不同的角度表达他们对活动的喜爱，每一个幼儿都用自己的视角记录了他们对于种植的认识。幼儿通过与材料互动，探究问题，寻求问题，解决答案，积累了关于种植的认知经验，从而形成爱护自然、保护家园的意识。

【环境创设】

第一，创设真实、可操作的菜园环境，使幼儿在实践体验中积累种植经验；第二，创设自由、可变换的问题情境，使幼儿在互动讨论中建立多元认知。

图 2－51　菜园环境

图 2－52　问题情境

【师幼互动】

1. 对话一

教师：种植箱里的“洞洞”是怎么来的？

幼儿 1：雨下得很大，滴滴答答，把泥土变成了一个个泥土坑。

幼儿 2：种植箱里有蚯蚓或者老鼠，它们钻来钻去，钻出了一个个“洞洞”。

幼儿 3：种植箱里种植的东西被人拔掉后留下了“洞洞”。

2. 对话二

教师：有什么好方法可以保护菜园呢？

幼儿 1：可以按学号，每天安排一个人保护菜园。

幼儿 2：可以请专业的菜园师傅来打理。

幼儿 3：可以装许多摄像头，我们就可以看见菜园的情况。如果菜园有问题，就可以随时保护它。

幼儿 4：可以投放机器人，我们可以遥控机器人来保护菜园。

幼儿 5：可以投放稻草人，稻草人长得和我们很像，想偷吃菜园里的东西的动物一看见就会被吓跑了。

3. 对话三

教师：该不该给做客的鸟儿提供些吃的东西呢？

幼儿1:我觉得应该,鸟儿肚子饿了,很可怜,它会伤心难过,飞不动。

幼儿2:我觉得应该,鸟儿来做客就是客人,我们应该拿很多好吃的给客人。

幼儿3:我觉得不应该,鸟儿飞来飞去,随便乱吃,把我们的菜园都破坏了。

【儿歌】

菜地里的歌

什么青青细又长?什么身穿绿衣裳?什么灯笼高高挂?
什么地下捉迷藏?什么长着尖尖嘴?什么越老皮越黄?
豆角青青细又长,黄瓜身穿绿衣裳,茄子灯笼高高挂,
萝卜地下捉迷藏,辣椒长着尖尖嘴,南瓜越老皮越黄。

【活动延伸】

幼儿在真实的菜园中体验种植,发现问题,寻找共同的兴趣点和研究点。做什么源于他们想知道什么,怎么做源于他们商量了什么。从“洞洞哪里来”到“稻草人”再到“共生共存”话题的开启,其间不断引发新的活动内容,幼儿的探究能力也得到进一步发展。

喂食器的诞生印证了幼儿可以从多个角度表达自己的观点和认识,幼儿在过程中积累了对食物循环链的初步感知。他们借助学习方式,串联整个活动发生、发展的路径,幼儿思维的逻辑性也在不断总结经验的过程中获得提升。

图2-53　喂食器

(案例提供:范　琪)

第二节　文明生活:文明的行为举止

一、有礼貌之宝贝甜嘴巴

【素材选择】

小班幼儿从相对封闭的家庭来到社会交往丰富的班级,这一阶段是礼貌习惯养成的关键期。礼貌是拉近自己和他人的一座桥梁,懂礼貌的人容易被他人接受,成为一个受欢迎的人。良好的习惯不是与生俱来的,而是在具体情境中逐渐培养起来的。教师如何把握幼儿礼貌习惯养成的关键期,值得深入思考。

【活动价值】

1. 学会简单的礼貌用语

小班幼儿刚入园时,有强烈的分离焦虑,可通过活动引导幼儿高高兴兴地入园,并和每一位教师打招呼。小班阶段是引导幼儿语言完整性和规范性发展的敏感期,教师需要把握幼儿的最近发展区,引导他们学会一些简单常用的礼貌用语。

2. 养成待人有礼貌的好习惯

习惯的养成需要较长一段时间的强化和巩固,通过开展“甜嘴巴星星榜”等活动,让幼儿运用礼貌用语从外在的习得逐步转化为内在的习惯,并且从简单的来园问好向幼儿园一日生活中的更多环节延伸。

【环境创设】

第一,用可爱的卡通形象展示常用的礼貌用语,潜移默化地帮助幼儿养成使用礼貌用语的习惯;第二,看一看、读一读、听一听、做一做,用有趣的手势帮助幼儿理解礼貌用语;第三,每天来园主动问好的幼儿都能给自己的星星榜增加一颗星星,在日积月累中,他们充满成就感,问好的习惯也就逐步养成了。

图 2 - 54　道歉甜嘴巴

图 2 - 55　午餐甜嘴巴

图 2 - 56　求助甜嘴巴

图 2 - 57　问候甜嘴巴

图 2－58　甜嘴巴星星榜

【师幼互动】

1. 对话一

教师：你知道哪些礼貌用语？

幼儿 1：你好，谢谢，对不起，请你帮帮我……

2. 对话二

教师：哪些时候你会用到这些礼貌用语？

幼儿 1：见到老师的时候。

幼儿 2：请别人帮忙的时候。

幼儿 3：获得别人原谅的时候。

幼儿 4：别人给我东西的时候。

3. 对话三

教师：你会和哪些人说礼貌用语？

幼儿 1：老师、爸爸、妈妈、好朋友、陌生人……

4. 对话四

教师：为什么要用这些礼貌用语？

幼儿 1：让别人更愿意帮我。

幼儿 2：能交到更多的朋友。

幼儿 3：大家都喜欢有礼貌的孩子。

幼儿4：别人听到这些话时心里会很高兴。

【儿歌】

小小手

我有一双小小手，
拉来许多好朋友。
“你好你好”招招手，
“欢迎欢迎”握握手。
“谢谢谢谢”拍拍手，
“再见再见”摆摆手。

【活动延伸】

首先，在幼儿行为习惯培养的过程中，教师应尊重幼儿的情感需求，根据幼儿的年龄特点和性格差异，提出适当可行的策略；其次，教师还应将这些礼貌习惯养成策略进行延伸，关注幼儿园一日生活中幼儿使用礼貌用语的情况，形成一系列“甜嘴巴”活动，如来园时的甜嘴巴、游戏中的甜嘴巴、离园时的甜嘴巴、午餐时的甜嘴巴、求助时的甜嘴巴、道歉时的甜嘴巴，还有一些节日活动中的甜嘴巴，如妇女节、父亲节、重阳节时对长辈说句好听的话。

图2-59 节日甜嘴巴

（案例提供：张凝骏）

二、爱清洁

（一）洗手香喷喷之肥皂美多多

【素材选择】

幼儿洗手时，经常会接触肥皂，小班幼儿对涂肥皂后产生的泡泡特别感兴趣。虽然大家都知道肥皂，但对肥皂的种类、用途等没有深入的了解。通过开展“肥皂美多多”的实物陈列活动，让幼儿了解肥皂的特征、种类和用途，让幼儿在与实物互动中加深对肥皂的认识。

图 2－60　爪形肥皂

【活动价值】

1. 真实环境，激发兴趣

针对小班幼儿具体形象思维的特点，教师不仅在盥洗室中陈列了各式各样造型的肥皂，还和幼儿共同收集了大量的艺术肥皂。有可爱的小动物肥皂，有精美的花瓣肥皂，还有各种手工肥皂……这些举措激发了幼儿对用肥皂洗手的兴趣与愿望。同时在陈列时，教师还根据肥皂的用途进行了分类，如洗手皂、洗衣皂、香皂等，丰富了幼儿对肥皂的认识。

2. 多种方式，表达感受

通过开展“找一找身边的肥皂”集体活动，请幼儿介绍自己带来的肥皂。在教师的引导下，幼儿积极地运用各种感官，通过“看—摸—闻—洗”来认识不同的艺术肥皂。通过举行“我最喜欢的肥皂”投票活动，让幼儿以投票的方式评选出最美的肥皂。运用点读笔听一听肥皂的作用，让幼儿发现肥皂的不同作用。

从多种角度开展不同的生活活动，使原本说教的内容一下子鲜活、生动了。通过开展这样的活动，幼儿的主动性得到充分的发挥，真正成为活动的主人。

图 2－61　小动物肥皂

图 2－62　手工肥皂

图 2－63　花瓣肥皂

图 2－64　肥皂架

【环境创设】

第一，陈列不同种类的肥皂，如洗手皂、香皂、碱性皂、洗衣皂等，引导幼儿观察不同种类的肥皂；第二，创设“你知道什么时候需要用肥皂”的主题墙，帮助幼儿养成用肥皂洗手清洁的习惯；第三，教师在盥洗室内投放点读笔，指导幼儿听一听不同肥皂的用途，丰富幼儿的相关生活经验。

图 2-65　各式各样的肥皂

图 2-66　何时用肥皂

图 2-67　听一听肥皂的作用

【师幼互动】

1. 对话一

教师：你知道什么是肥皂吗？

幼儿1:就是圆圆的,我用来洗手的,宾馆里会有的,它闻起来是香香的……

2. 对话二

教师:什么时候要用到肥皂呢?

幼儿1:洗手的时候会用肥皂。

幼儿2:我奶奶洗东西的时候要用到。

幼儿3:爸爸洗澡会用到。

3. 对话三

教师:请你介绍一下自己带来的肥皂。

幼儿1:这个肥皂是椭圆形的,把手洗得很干净。

幼儿2:我家的肥皂是正方形的,妈妈在超市里买来给我洗手的。

幼儿3:我带来的肥皂是圆的,是住宾馆的时候领的。

幼儿4:这是我奶奶用的肥皂,奶奶用来洗衣服。

4. 对话四

教师:你们喜欢肥皂吗?知道肥皂有什么秘密吗?

幼儿1:妈妈说的,肥皂会杀菌,小手洗干净。

幼儿2:肥皂会变小,越来越小,最后就没有了。

幼儿3:肥皂洗香香,爸爸的身上很香。

【儿歌】

小肥皂

小肥皂,本领大,
各种细菌都怕它。
脏不怕,累不怕,
一天一天瘦多啦。

【活动延伸】

盥洗室的故事并不止步于盥洗室,也不局限于幼儿园,可以延伸到每个家庭的亲子活动。通过开展亲子阅读活动,亲子共同阅读《肥皂泡泡》《狐狸莫莫的肥皂泡泡》等绘本,在阅读生动有趣的绘本故事的过程中,让幼儿对肥皂产生兴趣。

幼儿听着简单的故事，进一步理解肥皂的用途，促使幼儿萌发关注生活的意识。还可以开展亲子制作肥皂的活动，通过共同制作肥皂，使幼儿感受肥皂从无到有的变化，在操作中了解“熔化”“凝固”等概念，尝试辨别不同的香味，并且愿意动手创造美。小小的肥皂也能挖掘出许多的教育功能和价值。

图 2－68　绘本《肥皂泡泡》

图 2－69　绘本《狐狸莫莫的肥皂泡泡》

（案例提供：刘怡琳）

（二）洗手香喷喷之我会洗手啦

【素材选择】

日常生活中，教师发现幼儿一到冬天，因为衣服比较厚就懒得挽袖子洗手，或者在洗手时聊聊天，东张张西望望，不认真洗手。为了让幼儿初步掌握洗手的基本方法，激发幼儿洗手的兴趣，帮助幼儿养成良好的生活卫生习惯，我们开展了“我会洗手啦”系列活动。

【活动价值】

1. 自选工具，激发兴趣

幼儿园里经常出现幼儿洗手马虎、玩水等现象。经与家长沟通，教师得知许多幼儿在家很少自己独立洗手，都是长辈们帮着洗或是用毛巾擦干净。在了解这一情况后，为帮助幼儿学会自己洗手，教师在洗手台上放置了肥皂和洗手液两种工具，激发幼儿洗手的兴趣。

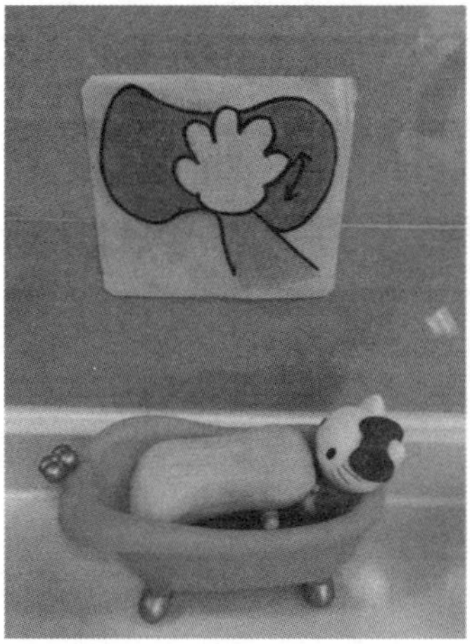

图 2－70　洗手台上的肥皂

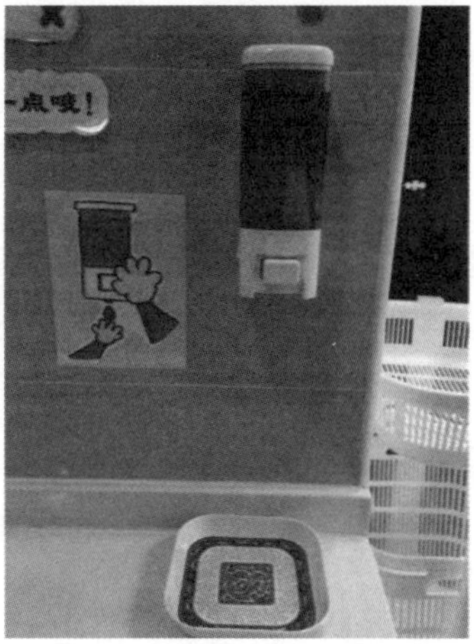

图 2－71　洗手台上的洗手液

2. 创编儿歌，加强记忆

教师将洗手的过程编成朗朗上口的儿歌，通过学习儿歌，加强幼儿的记忆，让幼儿学会正确的洗手方法，从而促使幼儿养成讲卫生的好习惯。

【环境创设】

第一，根据洗手七步法的图片，幼儿模仿学习洗手的方法，巩固洗手步骤；第二，提醒幼儿节约用水，增强幼儿的环保意识；第三，播放歌曲《洗手歌》，巩固正确的洗手方法。

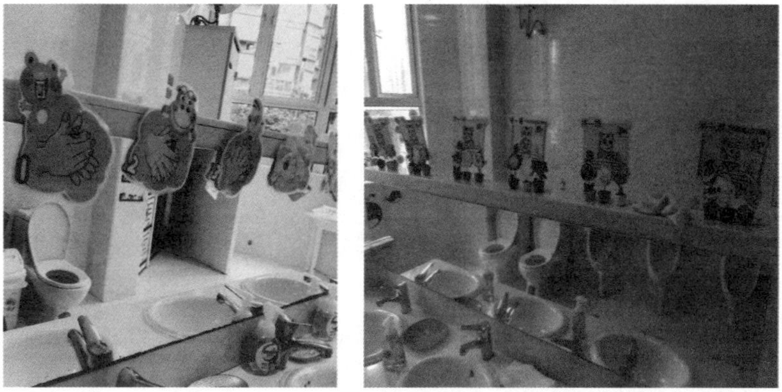

图 2－72　洗手七步法小贴士

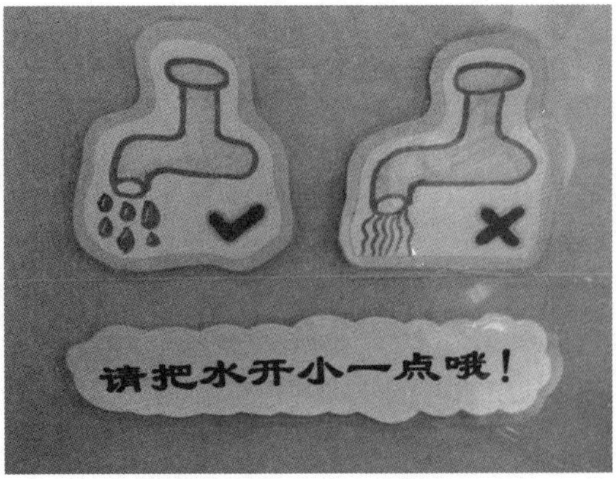

图 2－73　节约用水小贴士

【师幼互动】

1. 对话一

教师：开饭咯，饭前大家都做了什么？他们的小手脏不脏呢？

幼儿 1：玩泥巴的小朋友，小手很脏。

幼儿 2：画画的小朋友，小手有些脏。

幼儿 3：摸狗狗的小朋友，小手不太脏。

幼儿 4：看书的小朋友，小手不脏。

2. 对话二

教师：除了小手脏了要洗手，还有哪些时候也要洗手呢？

幼儿 1：上完厕所要洗手。

幼儿 2：吃饭之前要洗手。

幼儿 3：进幼儿园后要洗手。

幼儿 4：运动之后要洗手。

幼儿 5：打喷嚏后要洗手。

幼儿 6：擦鼻涕后要洗手。

幼儿 7：我每天到家之后先洗手。

3. 对话三

教师：正确的洗手方法是什么？

幼儿 1：我知道“内外夹攻大力腕”。

幼儿2:洗手需要有七个步骤,不能漏。

幼儿3:我会做洗手的七个步骤。

4. 对话四

教师:这些用品你看到过吗？它们有什么不一样？它们有什么相同的地方？

幼儿1:洗手液使用的方法不一样,有的是按压的,有的是感应的。

幼儿2:我用过挤出来像泡沫一样的洗手液。

幼儿3:我还用过像纸片一样的洗手皂。

幼儿4:我家有外形像杧果一样的肥皂。

【儿歌】

洗手歌

小朋友,来洗手。

卷起袖,淋湿手。

抹上肥皂搓呀搓,

清清水里冲一冲。

再来毛巾擦一擦,

我的小手真干净。

【活动延伸】

洗手是幼儿每日必须做的事情。教师要让幼儿知道为什么要洗手,鼓励幼儿自己介绍洗手的方法,提高幼儿参与活动的积极性。利用通俗易懂的儿歌,让幼儿感知“如何能把小手洗干净”,并学会正确的洗手方法。

(案例提供:龚　烨)

(三) 洗手香喷喷之面油香香

【素材选择】

秋冬季节,干燥的气候会导致幼儿的皮肤变得干燥,面油成了保护幼儿皮肤的重要物品。但小班幼儿在护肤方面多是依靠家人,几乎没有自主涂面油的意识,同时也缺乏正确使用面油的知识经验。通过学习“面油香香”的故事,幼儿在观察环境以及与环境互动的过程中学习面油的相关知识,养成秋冬季节涂抹面油的好习惯。

【活动价值】

1. 创设环境,养成良好习惯

小班幼儿刚刚离开家庭,开始适应集体生活,因此盥洗室的环境创设应以温馨为主,让幼儿能体验到在家般的舒适感。这不仅能让幼儿养成在幼儿园使用面油的好习惯,还能将好习惯带到家中,将使用面油的习惯内化为自身经验,真正培养幼儿的健康习惯,让幼儿每到秋冬季节都能主动涂抹面油,保护自己的皮肤。

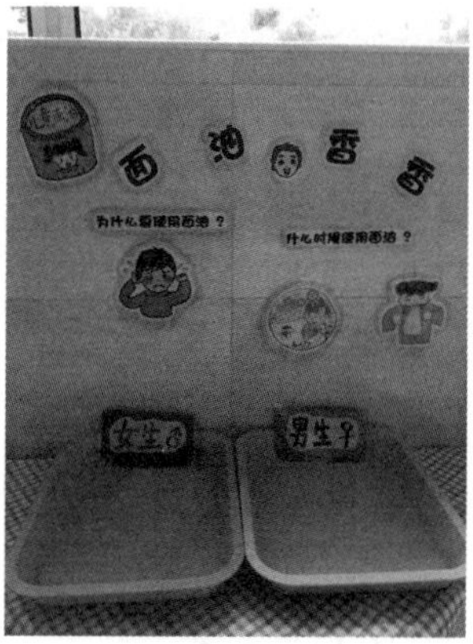

图 2－74　面油香香小贴士

2. 图示步骤,尝试学习方法

幼儿对面油产生兴趣的同时,也要试着学会正确的涂抹方法。小班幼儿很难通过一次集体教学就真正掌握正确的涂抹方法,他们需要更多的实践操作,而墙面上的图示为幼儿的每一次操作提供示范,使幼儿可以直观地进行模仿。

图 2－75　涂抹面油的方法

【环境创设】

第一，为幼儿创设美观、可爱、符合幼儿兴趣的环境，从而引起幼儿对面油的兴趣；第二，利用卡通人物形象，分解并展示涂抹面油的步骤，引导幼儿通过自主学习掌握涂抹面油的技巧；第三，在墙面上设置高度适合幼儿的小镜子，方便幼儿进行自我练习和检查面油是否涂抹到位。

图 2－76　面油之家

图 2－77　涂抹面油五点法

【师幼互动】

1. 对话一

教师：为什么要涂面油？

幼儿 1：妈妈说涂了面油的我香香的，她爱这样的我，所以我就涂了。

幼儿 2：涂了面油脸软软的，我喜欢软软的感觉。

幼儿 3：公主们都爱涂面油，我也想做公主。

幼儿 4：面油是女孩子涂的，我是男孩子，我才不要涂面油。

2. 对话二

教师：你是怎么涂面油的？

幼儿 1：每天晚上妈妈都会给我涂面油，妈妈让我把小眼睛和小嘴巴都闭起来。

幼儿 2：用手指戳一点面油，然后擦擦擦……

幼儿 3：外婆要给我涂，我就跑开，我不喜欢涂面油！

3. 对话三

教师：通过学习，你们知道为什么要涂面油了吗？大家都愿意涂面油吗？

幼儿 1：涂了面油会让我和妈妈一样又白又美，我一定要坚持涂面油。

幼儿 2：原来男生也需要涂面油，今晚回家我就涂面油。

幼儿 3：回去我要做爸爸妈妈的小老师，教他们用五点法来涂面油。

【儿歌】

面油歌

秋冬季节气候干，保护小脸涂面油。

面油香香五点法，大家都来学一学。

额头鼻子和下巴，左右脸颊不能忘。

蘸一蘸，点一点，再用双手涂抹开。

镜子里面照一照，我的脸蛋水灵灵。

【活动延伸】

盥洗室的环境创设只是幼儿生活的一个缩影。在幼儿园中，在家中，在任何需要的时候，“面油香香”活动为幼儿打下的生活基础都能迁移运用。由此，教师也开展了家园合作的长期追踪活动，如面油使用小调查等。通过开展这些活动，让幼儿对面油有了一个全面、深入的了解，真正促进了幼儿的成长与发展。

（案例提供：金丽韫）

（四）洗澡美多多

【素材选择】

洗澡在幼儿园内是不能进行的，但却是每个幼儿几乎每天都会经历的。有些幼儿不喜欢甚至害怕洗澡，可通过让幼儿与环境以及“声音”产生互动，鼓励幼儿喜欢上洗澡，养成每天洗澡的良好卫生习惯。其中，点读笔的运用增加了幼儿与环境的互动性和趣味性。

【活动价值】

1. 真实环境，激发情感

针对幼儿的年龄和思维特点，教师在盥洗室中创设了真实的洗澡场景，并且提供了洗澡时常用的工具，如沐浴露、肥皂、浴球等。真实、温馨的浴室场景，更让幼儿产生了亲切感，激发了幼儿对洗澡的兴趣与愿望。

2. 多种方式，增强感受

除了创设真实的场景外，教师还收集了幼儿在家中洗澡的照片以及幼儿洗澡时的童言稚语。幼儿拿起点读笔点一点，便可听到同伴的洗澡趣事，还可以听到水流的声音、泡泡的声音、冲水的声音和洗澡儿歌等，帮助幼儿更快地感受洗澡的快乐。

【环境创设】

第一，教师展示每个幼儿的洗澡照片，幼儿通过看一看、点一点、听一听自己以及同伴喜欢洗澡的理由，达到生生互动的效果；第二，通过看一看、点一点、听一听、摸一摸不同的洗澡用具，幼儿可以直观地了解洗澡时会用到哪些用具以及它们的用途；第三，学习儿歌《我爱洗澡》，幼儿通过点读笔点一点、听一听，巩固正确的洗澡方法。

【师幼互动】

1. 对话一

教师：洗澡的时候需要准备什么？

幼儿1：沐浴露、洗发露、浴巾、浴球、肥皂、玩具等。

教师：为什么要准备沐浴露？

幼儿1：用完沐浴露身上滑滑的；可以保护皮肤，用过后香香的。

教师：我们为什么要洗澡？

幼儿1：现在天气热了，活动后就会出汗，黏黏的。

幼儿2：皮肤上会有污垢，污垢容易产生细菌，对皮肤不好，也会生病。

幼儿3：洗澡可以让我们变干净，而且香喷喷的。

2. 对话二

教师：洗澡前我们应该先做什么？

幼儿1：准备好洗澡用品。

幼儿2：脱衣服，倒好热水。

教师：你妈妈是怎样给你洗澡的？

幼儿1：先冲湿头发再挤上洗发露洗头。

幼儿2：先用浴球洗身上，再洗胳膊、腿，最后是小脚。

幼儿3：洗完后用毛巾擦干净。

3. 对话三

教师：洗澡应该洗哪里？

幼儿1：要仔细洗一洗头发，让我的头发香喷喷的。

幼儿2：还有手臂也要洗干净，小手也要搓一搓。

幼儿3：小脚丫也要仔细洗一洗，因为我们每天都会走路。

幼儿4：身上一定要洗干净，平时我们出汗多，身上洗得香喷喷，我们就香喷喷了。

教师：还有哪些小地方也要洗干净？

幼儿1：妈妈也会给我洗胳肢窝，因为那里会出汗。

幼儿2：平时我好像不太洗肚脐眼。

幼儿3：洗小脚丫的时候，妈妈也会搓一搓我的脚底板。

教师：洗澡的时候会有很多泡泡，滑滑的、光光的，用手指轻轻一戳，就会破了，真有意思。洗完澡后身上还会香香的，可以舒服地睡个好觉。

【儿歌】

我爱洗澡

我爱洗澡乌龟跌倒，
小心跳蚤好多泡泡，
潜水艇在祷告。
我爱洗澡皮肤好好，
戴上浴帽蹦蹦跳跳，

美人鱼想逃跑。

上冲冲下洗洗，

左搓搓右揉揉，

有空再来握握手。

上冲冲下洗洗，

左搓搓右揉揉，

我家的浴缸好好坐。

【活动延伸】

幼儿对于洗澡的兴趣也成为生成性内容，集体活动“我爱洗澡”由此诞生。此外，教师也开展了给娃娃洗澡的个别化学习活动。这些活动的开展，有利于激发幼儿对洗澡的兴趣，使幼儿养成良好的卫生习惯。

（案例提供：毛　晨）

第三节　安全生活:保护自己

一、爱护身体

(一) 饮水小日记

【素材选择】

水在人体内具有无可代替的重要作用,幼儿在园是否主动喝水,每天的饮水量是否适宜,都将直接影响幼儿身体的正常发育和健康成长。年龄越小的幼儿,体内需要的水分比例就越高。及时补充水分对于幼儿的身体发育非常重要,因此开展具体可视的饮水管理就显得尤为重要。通过开展“饮水小日记”活动,激发幼儿饮水的兴趣,帮助幼儿建立自主饮水意识,并根据自身的需求养成随时补充水分的好习惯。

图 2-78　饮水小日记

【活动价值】

1. 激发幼儿兴趣,提高自主意识

通过形象有趣的图示,激发幼儿饮水的兴趣与愿望;从习惯、态度、认知等角度逐步引导幼儿形成自主饮水意识。

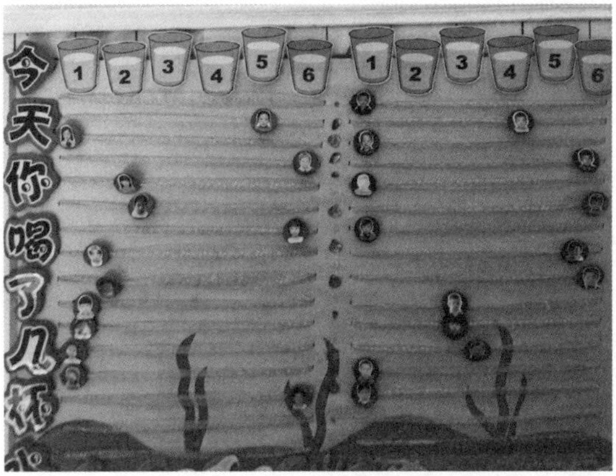

图 2－79　每日饮水杯数墙

2. 引导幼儿记录，养成饮水习惯

幼儿通过自己动手记录，了解饮水的重要性以及每天要喝 8 杯水，在记录的过程中相互提醒和相互督促，养成良好的饮水习惯。

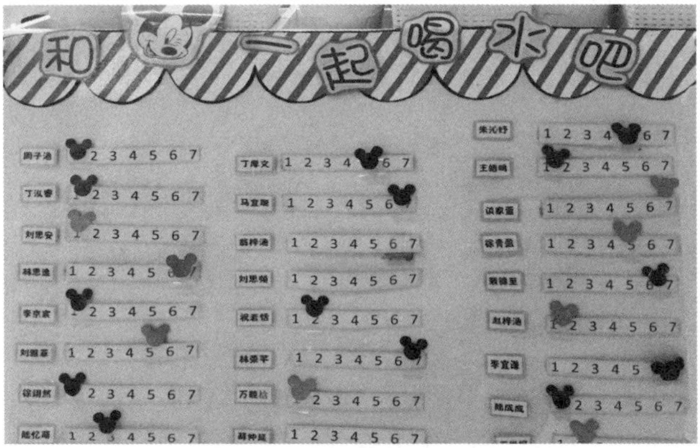

图 2－80　喝水记录墙

3. 学会记录方式，关注饮水总量

通过不同的记录方式，引导幼儿关注自己每天的饮水量。由于小班幼儿和中班幼儿年龄较小，更适合采用简单的插卡或贴画的方法记录自己每天的饮水量。而大班幼儿随着年龄的增长，记录水平有了一定的提高，因此可以使用空白纸或表格式的记录纸，让幼儿根据自己的记录水平使用不同的方式进行记录，如数字记录、正字记录、画线记录等。这种方式不仅可以帮助幼儿建立数的概念，还可以使幼儿体验不同的记录方式。

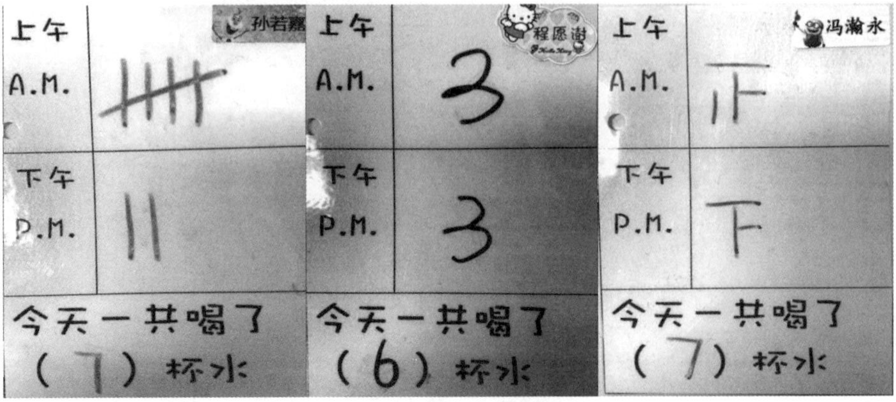

图 2-81　喝水记录纸

【环境创设】

通过开展"饮水日记"活动，激发幼儿的兴趣，帮助幼儿形成自主饮水意识；通过了解幼儿自己动手记录的饮水情况，引导幼儿关注自己每天的饮水量，进而养成良好的饮水习惯。

图 2-82　饮水日记

【师幼互动】

1. 对话一

教师：生活中，水可以用来做什么？

幼儿1：水可以用来灌溉、养殖、清洁、发电、饮用等，人类和动物、植物都离不开水。

2. 对话二

教师：一天大概需要喝多少水呢？

幼儿1：5杯、6杯、7杯、8杯……

3. 对话三

教师：有哪些方法可以记录自己喝了几杯水呢？

幼儿1：写数字、画正字等各种标记可以帮助我们进行记录。

【儿歌】

我会喝水

小朋友，来喝水，你先我后不乱推。
排好队伍到橱前，伸手去拿小茶杯。
接水接到半茶杯，接好水后回座位。
轻轻吹，慢慢喝，喝完水杯回原位。

【活动延伸】

幼儿缺乏饮水主动性是一个普遍存在的问题。根据宛南实验幼儿园的生活教育特色，除了在日常生活环境中渗透生活教育理念外，教师还将饮水规则融入班级公约中，比如每天要喝8杯水，每次倒水要注意秩序等，提醒并督促幼儿遵守公约，帮助幼儿养成主动饮水的好习惯。

同时，在每天的值日工作中添加饮水管理员角色，由班级中的幼儿轮流担任。首先，饮水管理员的饮水行为必须符合班级公约；其次，饮水管理员的身份能激发担任者的能动性，他们会以管理员的角度看待问题，督促周围的幼儿更好地饮水，有效地培养了幼儿的责任意识和任务意识；最后，教师通过饮水管理记录表直观地了解班级幼儿的饮水情况，形成有效、可视的质量监控管理，更好地关注幼儿个体的差异性，从而促进每一个幼儿的健康成长。

（案例提供：方松圆）

（二）盥洗室故事之刷牙大学问

【素材选择】

大班幼儿正值换牙的关键时期，部分幼儿出现了牙齿松动、龋齿等现象，也有部分幼儿在换牙初期就有害羞、胆怯等情绪。教师通过创设盥洗室的环境，激发幼儿刷牙的兴趣，引导幼儿掌握正确的刷牙方法，了解保护牙齿的方法和重要性，知道换牙是成长的标志之一，应该为此感到骄傲。

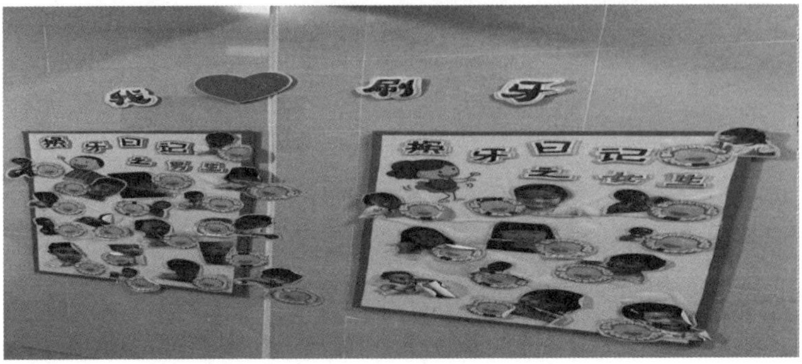

图 2－83　我爱刷牙

【活动价值】

1. 学会正确刷牙，建立良好习惯

通过展示有趣的形象图示和学习朗朗上口的儿歌，激发幼儿对刷牙的兴趣与愿望。教师应积极引导幼儿建立良好的生活习惯，帮助幼儿掌握正确的刷牙方法，理解刷牙的重要性。

2. 感知自我成长，激发积极情感

从情感出发，引导幼儿关注自己牙齿的变化，知道换牙是每个幼儿必须经历的一个过程，它标志着幼儿的成长，使幼儿能坦然面对换牙，并逐步形成积极的生活态度。

【环境创设】

第一，通过卡通形象图示刷牙的步骤，激发幼儿的兴趣，帮助幼儿掌握正确的刷牙步骤；第二，通过学习儿歌《刷牙歌》，知道早晚刷牙的重要性；第三，指导幼儿自己动手记录，让幼儿关注自己换牙的过程，为自己正在换牙的现象感到骄傲。

图 2－84　我会刷牙

图 2－85　刷牙歌

图 2－86　换牙日记之女生

图 2－87　换牙日记之男生

【师幼互动】

1. 对话一

教师：你们每天刷几次牙？什么时候刷？

幼儿1:每天要刷两次牙,睡觉、起床都要刷!

幼儿2:吃完午饭,还要漱漱口。

2. 对话二

教师:你是怎么刷牙的呢?

幼儿1:来来回回刷。

幼儿2:里面和外面的牙齿都要刷到。

幼儿3:上、下、里、外的牙齿都刷一遍。

3. 对话三

教师:细菌最喜欢躲在牙缝里,有什么好办法能把牙缝刷干净呢?

幼儿1:上面的牙齿向下刷,下面的牙齿向上刷。

4. 对话四

教师:数一数你有几颗牙齿?每个人的牙齿一样多吗?

幼儿1:不一样多。

5. 对话五

教师:你们的牙齿掉了还会长,那么大人的牙齿掉了还会长吗?

幼儿1:我们现在的牙齿叫作乳牙,乳牙掉了再长出来的牙齿叫作恒牙,恒牙要伴随我们一生。

6. 对话六

教师:如果乳牙没掉,新牙就长出来了,应该怎么办呢?

幼儿1:及时请牙医拔掉乳牙。

7. 对话七

教师:进入换牙期后,应该注意什么呢?

幼儿1:换牙时要注意不要用手摇松动的牙齿,不要用舌头舔松动的乳牙和正在生长的新牙。

8. 对话八

教师:有没有什么保护牙齿的好方法?

幼儿1:坚持早晚刷牙、漱口、少吃甜食、定期检查等都是预防蛀牙的好办法。

【儿歌】

刷牙歌

你也刷，我也刷，

小小牙刷手中拿。

上下左右全刷遍，

牙齿雪白笑哈哈。

【活动延伸】

大班幼儿正处于换牙期，这一过程也要经历一段较长的时间。由于幼儿想知道、了解换牙的感受和换牙期保护牙齿的方法，所以教师给幼儿提供了一个平台，让幼儿谈一谈自己的换牙经历，向同伴讲述自己保护牙齿的小故事，让幼儿体验和分享换牙给自己带来的特殊感受，并与大家交流由此带来的成长喜悦和烦恼。同时，教师也在生活课堂中生成了保护牙齿的课程，帮助幼儿巩固刷牙的方法和应用保护牙齿的小知识，让幼儿能够坦然面对自己换牙的过程，促进幼儿健康快乐成长。

（案例提供：方松圆）

（三）盥洗室故事之保护好牙齿

【素材选择】

众所周知，小牙齿也有大学问。幼儿的牙齿一旦出现健康危机，就会直接影响食欲，甚至会打乱日常的生活节奏。相关数据显示：大部分幼儿没有养成餐后或睡前刷牙的习惯。教师通过创设环境，使幼儿与环境产生互动，鼓励幼儿体验刷牙；通过家园联系，引导家长关心幼儿的牙齿，让幼儿学习自我保护牙齿的方法，养成每天刷牙的良好卫生习惯，降低幼儿蛀牙的发生率。

【活动价值】

牙齿不仅是重要的消化器官，还对发音和面容有一定的影响。健康的牙齿能保证正常的语言功能，保持良好的面部形象；健康的牙齿能保证头部骨骼啮合正常，从而避免其他疾病。幼儿换牙后长出的恒牙要使用一生，所以保护牙齿健康至关重要。

【环境创设】

第一，创设照片墙“保护牙齿好方法”，呈现每一个幼儿在家里刷牙的照片，看一看、点一点、听一听自己和同伴喜欢刷牙的理由和刷牙的方法，进一步激发幼儿刷牙的兴趣，从而达到生生互动的效果；第二，通过看一看、点一点、听一听、摸一摸不同的刷牙用具，使幼儿直观地了解刷牙时会用到的各种牙膏、牙刷、漂亮的杯子及其用途；第三，学习儿歌《刷牙歌》，巩固正确的刷牙方式；第四，观看相关刷牙小视频，学习拥有一口健康牙齿的好方法。

【活动目标】

通过学习使幼儿了解不同的刷牙用具以及它们的用途；学习儿歌，激发幼儿的刷牙兴趣，巩固正确的刷牙方式。

【活动重难点】

活动重点：认识各种刷牙用具，并了解其用途。

活动难点：通过学习儿歌，掌握正确的刷牙方法。

【活动过程】

1. 品尝饼干，激发兴趣

关键提问：牙齿有什么作用？吃完饼干后有什么感觉？饼干残渣留在牙缝里会怎么样？（引导幼儿观察同伴的嘴巴和牙齿）有什么办法能让牙齿变干净？

小结：牙齿能帮助我们咀嚼食物，门牙能切断大块的食物，它还有个名字叫切牙。吃完饼干后，嘴巴里黏黏的，饼干残渣都留在牙缝和牙齿上。如果经常这样，就会有蛀牙。吃完饼干后，可以漱口，也可以刷牙，清除食物残渣，保持口腔清洁。

2. 看看说说，认识牙具

关键提问：认识这些日常用品吗？它们分别有什么作用？牙刷和牙膏有哪些种类？牙齿上的洞洞是怎么来的？什么时候要刷牙和漱口？怎样保护牙齿？

小结：牙刷可以帮助我们保护牙齿和除去食物残渣，牙膏对牙齿有清洁、消毒作用，杯子是用来盛水漱口的。牙刷有的是手动的，有的是电动的。牙膏的种类很多，有的可以洁白牙齿，有的可以预防牙齿发炎。喜欢吃零食，睡前吃甜食，没有漱口和刷牙习惯，食物残渣变成细菌就出现洞洞了。要每天坚持早晚刷牙，饭后漱口，不吃过多的甜食，不吃过冷、过热、过酸的食物，有疑问找牙医。

3. 点点听听，学习儿歌

关键提问：儿歌里面说了什么？平时应该如何刷牙？

小结：刷牙歌里有说到早晚都要刷牙，脏东西都刷掉，牙齿白白很健康。坚持每天早晚都刷牙，每次刷牙的时间足够，保证上下左右、里里外外都刷到。

【师幼互动】

1. 对话一

教师：牙齿有什么作用？

幼儿1：牙齿白白的、硬硬的，能咀嚼食物。

幼儿2：大门牙能将大块食物切断和咬碎。

幼儿3：牙齿能嚼碎、嚼烂食物，可以帮助我们消化。

教师：吃完饼干后有什么感觉？饼干残渣留在牙缝里会怎么样？

幼儿1：吃完饼干后，饼干屑会留在牙齿上。

幼儿2：吃完巧克力、海苔饼干，巧克力和海苔残渣会粘在牙缝和牙齿上。

幼儿3：食物残渣留在牙齿上，小虫虫会舔你牙缝里的残渣，会长蛀牙。

幼儿4：蛀牙的话，牙齿会很痛，一定要去看牙医。

教师：（引导幼儿观察同伴的嘴巴和牙齿）有什么办法能让牙齿变干净？

幼儿1：吃完饼干后可以漱口，去除牙齿上的食物残渣。

幼儿2：吃完甜食后最好要刷牙，这样可以清除牙齿上的食物残渣。

幼儿3：我用草莓牙膏把牙齿上的小虫虫杀光光，保持口腔清洁。

2. 对话二

教师：认识这些日常用品吗？它们分别有什么作用？

幼儿1：我们每天要用牙刷刷牙，它可以帮助我们清除牙齿上的食物残渣。

幼儿2：牙膏对牙齿有清洁作用，我很喜欢草莓、香蕉味的牙膏，闻起来香香的。

幼儿3:杯子是用来盛水漱口、刷牙的,可以保持口腔清洁。

教师:牙刷和牙膏有哪些种类?

幼儿1:有各种不同的牙刷,有的是手动的,有的是电动的。

幼儿2:电动牙刷里面要装上电池,可以帮我们自动刷牙。

幼儿3:牙膏有草莓、香蕉、苹果、柠檬等味的。

幼儿4:牙膏的种类有很多,有的可以洁白牙齿,有的可以预防牙齿发炎。

幼儿5:就像电视里的广告那样,薄荷牙膏还可以清新口气呢。

教师:牙齿上的洞洞是怎么来的?你喜欢它们吗?为什么?

幼儿1:经常睡前吃零食,也不刷牙,口腔清洁就会出问题。

幼儿2:经常吃甜食,没有漱口和刷牙的习惯,食物残渣变成了细菌,牙齿上就容易出现小洞洞。

教师:你的牙齿健康吗?有没有小洞洞?

幼儿1:我每天早晚刷牙,饭后漱口,我的牙齿白白的,很健康。

幼儿2:我的牙齿有点黑黑的,有小洞洞。我每天都刷牙,餐后也都漱口,但刷牙时不够认真,以后我会注意,一定要认真刷牙。

教师:什么时候要刷牙和漱口?怎样保护牙齿?

幼儿1:吃完点心、米饭、零食后都要漱口或刷牙,这样能让牙齿保持清洁。

幼儿2:养成良好的餐后漱口、早晚认真刷牙的习惯,能保护好牙齿。

幼儿3:不吃过多的甜食,不吃过冷、过热、过酸的食物,也是保护牙齿的好方法。

幼儿4:牙齿有小洞洞了,赶紧找牙医,请求牙医的帮助。

3. 对话三

教师:你听到什么了?儿歌里面说了什么?

幼儿1:儿歌里面有说到早晚都要来刷牙,满嘴小牙白花花。

幼儿2:脏东西都刷掉,牙齿白白很健康。

教师:平时如何刷牙?

幼儿1:早晚都要来刷牙,上面牙齿往下刷,下面牙齿往上刷。

幼儿2:左刷刷、右刷刷,里里外外都要刷干净。

幼儿 3：脏东西全部都刷掉，满嘴小牙白花花。

幼儿 4：正确刷牙，认真刷牙，保护牙齿健康很重要。

【儿歌】

刷牙歌

小牙刷，手中拿，

早晚都要刷刷牙。

脏东西，都刷掉，

满嘴小牙白花花。

【活动延伸】

通过盥洗室的故事，让幼儿明白原来小牙齿也有大学问，一旦出现问题，就会影响自己的健康成长，使幼儿懂得要少吃糖果和甜食。此外，教师还尝试让幼儿从家中带来牙具，在午餐后进行刷牙。

（案例提供：张　丽）

（四）男生和女生

【素材选择】

大班幼儿正处于自我意识的萌芽阶段，对自己的身体充满好奇，同时也在无意识地观察自己和旁人的身体，并发现其中的不同和变化。通过阅读绘本故事学习保护自己的方法以及男生和女生的标志，让幼儿知道自己和别人不一样，学会保护自己的身体，从而逐渐形成性别意识和自我认知。

【活动价值】

1. 认识男女标志，培养性别意识

标志作为一种图形符号，在社会中被广泛应用。同时，大班幼儿正处于符号认知的敏感期，会对各种各样的符号产生兴趣。因此懂得区分男生与女生既是一种社会教育，更是一种性别教育。通过观察与对比，使幼儿学会区分男女标志，结合绘本，进一步培养幼儿的性别意识。

2. 点点听听学学，增强自我保护意识

每个年龄段的性教育内容应该有所侧重，大班幼儿除了应知道男女有别，也应该有保护自己身体的意识。通过布置“自我保护小贴士”的墙面，配合点读笔的使用，增强幼儿的自我保护意识。

【环境创设】

第一，在盥洗室的墙面上直观地呈现出各种代表男生和女生的标志，使幼儿在看一看、比一比的过程中学会区分男生和女生，从而培养幼儿的性别意识；第二，使用点读笔，指导幼儿看一看、点一点、听一听，了解自我保护的好方法，如了解身体的隐私部位，远离陌生环境，身处险境大声呼救等；第三，阅读绘本《乳房的故事》《小鸡鸡的故事》，在读一读、看一看的过程中帮助幼儿认同自己的性别，建构健康的人格。

图 2-88　男生的标志

图 2-89　女生的标志

图 2-90　自我保护小贴士

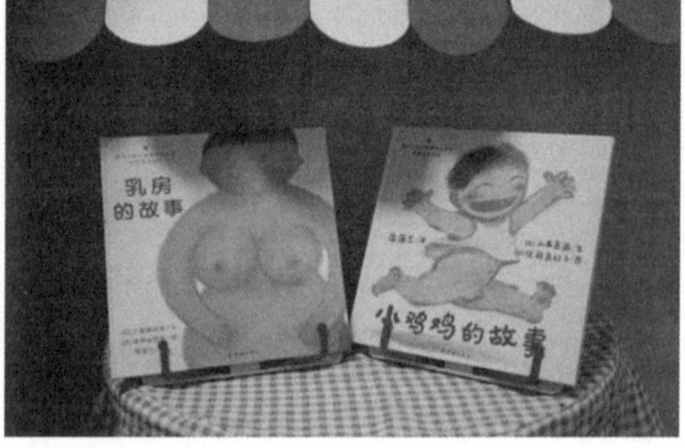

图 2-91　绘本桌

【师幼互动】

1. 对话一

教师：平时在小区一直陪妮妮玩的陌生叔叔要请她去家里帮个忙，要不要和他走呢？

幼儿1：可以，因为妮妮和叔叔认识很久了，是朋友了。

幼儿2：不可以，叔叔的名字和地址都不知道，依然是陌生人，不能和陌生人走。

2. 对话二

教师：当别人侵犯你的隐私部位时，应该怎么办？

幼儿1：大声向路人呼救。

幼儿2：挣脱坏人后逃走。

幼儿3：如果逃不掉，之后告诉大人报警。

【儿歌】

男生和女生

我是男生，我长得帅气。
我是女生，我长得漂亮。
我是男生，西装衬衫我爱穿。
我是女生，漂亮裙子我最爱。
我是男生，平头光头好可爱。
我是女生，扎俩小辫真好看。
男生女生都可爱，一起成长乐开怀。

【活动延伸】

随着“男生女生大不同”故事的不断丰富，幼儿渐渐地对性别意识和自我认知有了一定的了解。除了开展主题活动“我自己”外，教师还开展了个别化活动“男孩女孩排排队”以及集体教学活动“保护我自己”，并在阅读区投放了《勇敢说不》《不是每个抱抱都美好》等绘本，希望幼儿不仅对自己的身体有更深入的认识，也会有保护自己或他人的意愿。

（案例提供：王　烨）

二、避开危险

（一）小象讲安全

【素材选择】

食品安全是人们生活中日益关心的话题之一，如何让幼儿吃得健康、吃得安全是幼儿园的重要任务之一。宛南实验幼儿园开展了以“食品安全我知道”为主题的活动，旨在使幼儿从小培养食品安全意识，增加食品安全知识，保证幼儿的饮食安全和身体健康。

图 2－92　2016 年上海市儿童家庭安全教育进社区启动仪式

【活动价值】

民以食为天，食品卫生和安全是与我们的日常生活息息相关的话题。近年来，一个个触目惊心的食品安全问题频频曝光，让我们更加担心幼儿的饮食健康。街边那些小摊贩贩卖的垃圾食品，形状各异，颜色鲜艳，琳琅满目的零食吸引着幼儿的眼球。一放学幼儿总是迫不及待地奔向这些小摊点，挑选自己喜欢的零食，这一现象着实让家长担忧。可见，如何让幼儿学会食品安全知识是非常重要的事情。《指南》中指出：儿童要具有良好的生活与卫生习惯，了解食物的营养价值，引导他们少吃或不吃不利于健康的食品，多喝白开水，少喝饮料，了解如何均衡饮食。

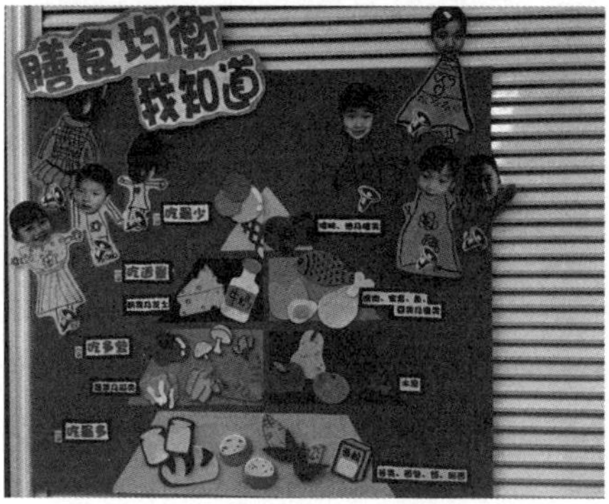

图 2-93 膳食均衡我知道

【环境创设】

第一，在图书区投放绘本《危险的面包》《食品也有“身份证”》《生病水果我不吃》《饮料甜甜不多喝》等；第二，开展活动“包装袋的秘密”，认识包装袋上的各种信息，如生产日期、保质期、防伪条码等；第三，在材料超市收集各类幼儿喜爱的食品盒、饮料瓶等。

图 2-94 绘本《食品也有“身份证”》

图 2-95 包装袋的秘密

【活动目标】

使幼儿能够识别包装袋上的重要信息，并能辨别食品是否安全；增强幼儿的食品安全意识，提高幼儿的自我保护能力，培养良好的饮食卫生习惯。

【活动重难点】

活动重点：使幼儿能识别食品包装袋上的生产日期、安全标志等。

活动难点：使幼儿愿意少吃垃圾食品，多吃健康食品。

【活动过程】

1. 讨论：我最爱吃的食品

关键提问：平时你最喜欢吃什么东西？

小结：幼儿喜欢吃的东西各式各样，有的食品吃了有利于我们的身体健康，有的食品吃多了对我们的身体有害处。

2. 操作：食品大分类

（1）幼儿分类操作并分享交流

关键提问：食物的种类有很多，你们愿意为食物分类吗？

小结：水果、牛奶、蔬菜等是健康食品，是吃了有助于人体健康的食物。油炸食品、方便面、果冻、蛋糕、烧烤、甜点、饼干、可乐等是垃圾食品，是吃了对人体有害的食物。

（2）观看视频，了解垃圾食品的制作过程

关键提问：为什么这些是垃圾食品？你还知道哪些垃圾食品？

小结：原来这些食品在加工过程中，有的是炸的，有的是烤的，有的含有许多添加剂和色素，吃了以后会对我们造成一定的伤害。所以，要少吃或不吃这样的食物，才会健康成长。油炸类、罐头类、动物内脏类、饼干类、奶油制品、方便面、烧烤类、蜜饯类都是垃圾食品。

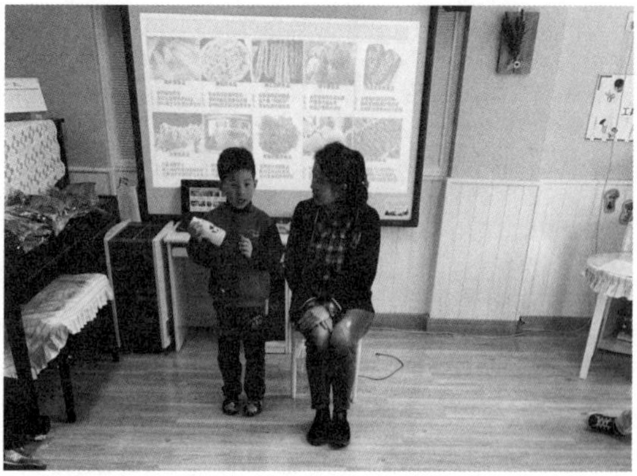

图 2－96　课堂讨论

3. 观察：区分食品安全标志

（1）出示小朋友喝过期牛奶出现肚子痛的图片

关键提问：他怎么了？为什么会这样？

小结：我们购买食品的时候，一定要看清楚包装袋上的食品保质期。过期食品是不能吃的，否则会导致身体不适，还可能会发生危险。

（2）认识生产日期和安全标志

关键提问：请找出食品包装袋上的生产日期、保质期和安全标志。

小结：食品包装袋上的这些信息会告诉我们哪些食品是安全的，哪些食品是不安全的，一定要仔细地看清楚，还要提醒爸爸妈妈不要忘记看清楚食品的安全标志。

图 2－97　区分食品的安全标志

4. 游戏："食品安全我知道"知识抢答

关键提问：喝碳酸饮料比喝白开水对健康更好吗？多吃油炸食物对健康好吗？常吃零食好吗？空腹喝牛奶对身体有益吗？多吃瓜果、蔬菜对健康好吗？

小结：要做健康小宝贝，需要少吃零食，不吃油炸类食品，多吃瓜果和蔬菜，少喝饮料，多喝白开水。小朋友们，一定要养成良好的饮食卫生习惯哦！

【师幼互动】

1. 对话一

教师：平时你最喜欢吃什么东西？

幼儿 1：苹果、奶茶、香蕉、饼干、鸡腿等。

2. 对话二

教师：食物的种类有很多，你们愿意为食物分类吗？

幼儿1：水果、牛奶、蔬菜是健康食品，可乐是垃圾食品，汉堡、薯条是垃圾食品，烧烤好像不是健康食品，蛋糕吃多了也不好。

教师：为什么这些是垃圾食品？

幼儿1：烧烤是高温的，高温容易致癌；油炸食品，吃多了容易变胖，对身体不好。

3. 对话三

教师：你还知道哪些垃圾食品？

幼儿1：腌制食品里面放了很多盐，对肾不好；加工的肉类里面有很多防腐剂；外面买的五颜六色的饼干，里面都是色素；蛋糕和冰激凌吃多了会变肥胖。

4. 对话四

教师：空腹喝牛奶对身体有益吗？

幼儿1：我觉得可以空腹喝。

幼儿2：我在新闻里看到，不能空腹喝牛奶，这样会伤害胃。

幼儿3：我妈妈也告诉我，喝牛奶前要吃一些饼干或者馒头。

幼儿4：老师告诉我，先吃小饼干，等小饼干到胃里后再喝牛奶。

【活动延伸】

除了食品安全外，我们还需要提高人身安全意识。一是学习逃生小常识，如注意警戒线、逃跑路线等；二是学习防暴小常识，如遇到坏人怎么办等。

图2-98 警戒线

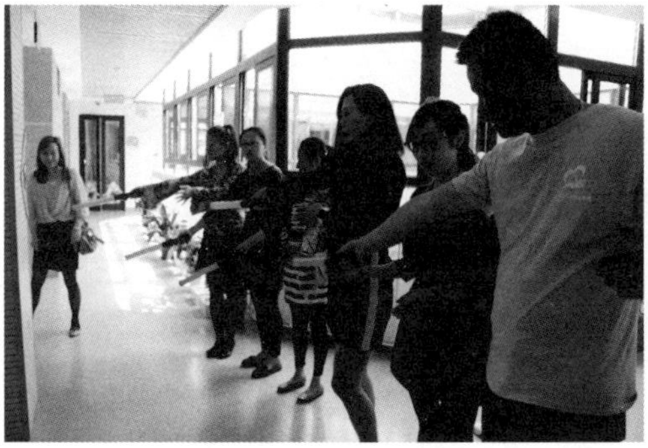

图 2－99　逃跑路线

图 2－100　防暴小常识课堂

（案例提供：杨文祎）

（二）遇到意外怎么办

【素材选择】

大部分幼儿对潜在的危险因素缺乏认识，好奇、好动、易冲动。由于幼儿的运动功能并不完善，大小肌肉也没发育完全，因此很容易意外受伤。

意外在幼儿园内是不可避免的，会突然发生在幼儿的身边。当幼儿发生意外时，他们经常会手足无措。通过开展“救护小达人”的生活活动，让幼儿通过与“出鼻血了，怎么办”的环境产生互动，了解救护工具的作用和使用方法，帮助幼儿掌握基本的救护技能，学会使用创口贴等救护材料来正确处理出血的伤口。

图 2－101　出鼻血了，怎么办

【活动价值】

1. 卡通形象,真实情境

通过创设"救护小达人"的卡通形象,帮助幼儿克服对出血的恐惧心理,使幼儿敢于面对出血现象。其中,可爱的形象引起了幼儿的关注,真实的情境激发了幼儿的讨论,使幼儿在轻松、愉快的氛围中学习救护知识。

2. 救护材料,学习尝试

对出血现象进行讨论后,幼儿可以借助展板了解基本的救护知识。但是理论知识对于幼儿来说是远远不够的,因此教师还会提供急救包、救护材料等,让幼儿能够通过模仿和操作学会最简单的救护技能,让幼儿在发生出血状况时,做到不惊慌,不害怕。

图 2－102　急救包

图 2－103　救护材料

【环境创设】

第一,教师以卡通形象呈现幼儿受伤出血的情境,引起幼儿的共鸣,共同探索处理方式;同时,教师通过图示,帮助幼儿学习创口贴的正确使用方法。

图 2－104　救护小达人

第二，通过使用点读笔点一点、听一听、看一看，使幼儿了解受伤可能会发生的各种情况以及发生后的注意事项，引起幼儿对于危险的关注。

图 2-105　可能会受伤的情况

第三，展示救护箱，把实物直观地呈现给幼儿。引导幼儿认识常见的救护用品，并学会如何使用。

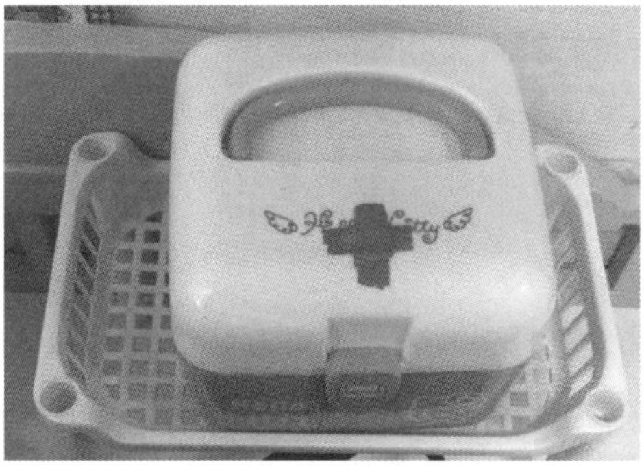

图 2-106　救护箱

【师幼互动】

1. 对话一

教师：以前你受过伤、流过血吗？

幼儿 1：以前跑步的时候不小心摔倒，膝盖摔破后流了血。

幼儿 2：用剪刀时划到了手，手指头流血了。

幼儿 3：有时候在玩游戏的时候，不知道为什么就流鼻血了。

2. 对话二

教师：当你们流鼻血时，是怎么处理的呢？

幼儿1:可以用棉球堵住鼻孔。

幼儿2:立刻告诉老师、家长,请他们帮忙。

幼儿3:微微抬起头,捏住鼻翼。

幼儿4:用冷的毛巾敷在自己的额头上。

3. 对话三

教师:如果是手、脚等部位受伤流血了,如何处理?

幼儿1:要用酒精、碘伏对出血位置消毒。

幼儿2:贴上创口贴,保护伤口不继续出血。

幼儿3:如果出血很厉害,创口贴包不住,可以在急救包里找绷带。

4. 对话四

教师:你会使用创口贴吗?

幼儿1:创口贴有很多尺寸、形状,选择一种。

幼儿2:要拿一张全新的创口贴,撕开包装。

幼儿3:将中间的吸收垫敷在伤口上。

幼儿4:撕去创口贴两端的膜后,把胶带贴上,固定位置。

5. 对话五

教师:急救包里究竟有哪些物品可以用来处理伤口呢?

幼儿1:创口贴、绷带可以用来包扎伤口。

幼儿2:酒精、碘伏可以用来消毒。

幼儿3:棉花棒、棉球可以用来蘸酒精和涂药膏。

幼儿4:冰袋可以用来冷敷。

幼儿5:胶带、三角巾也可以用来包扎。

6. 对话六

教师:观察情境图片,指出图片中的安全隐患。

幼儿1:这个小朋友递剪刀时把剪刀头对着其他人,容易戳到别人。

幼儿2:而且他没有使用安全剪刀,很容易剪到手。

幼儿3:这个小朋友从高高的花坛上跳下来,没站稳就容易摔跤。

幼儿4:他还绕着花坛乱跑,花坛旁边都是人,很可能撞到别人。

【儿歌】

小鼻子

小鼻子，本领大，呼吸闻味全靠它。

小朋友，要记牢，鼻子卫生很重要。

抠鼻子，不应该，学会正确擤鼻涕。

小异物，别塞鼻，塞进东西难出来。

小鼻子，出血后，抓紧时间想主意。

抬起头，捏住鼻，告诉爸妈或老师。

拿棉球，塞进鼻，处理妥当保护鼻。

【活动延伸】

教师以“出鼻血了，怎么办”为核心话题与幼儿展开讨论，针对幼儿的生活活动开展深入指导。此外，针对中班幼儿的年龄特点，教师也将急救包、常见的救护工具投放到幼儿的游戏之中，让幼儿在游戏中模拟出血的情境，尝试使用各类救护材料。教师将救护知识融入幼儿在园生活的方方面面，激发幼儿对救护知识的兴趣，引导幼儿学习救护材料的使用方法。

图 2－107　绘本《不许抠鼻子！》

图 2－108　绘本《公主怎么挖鼻屎》

（案例提供：李　悦）

（三）急救小达人

【素材选择】

大班幼儿已经具备基本的生活自理能力，他们的安全意识也日益增强。尽管如此，在日常生活中，也难免会有磕磕碰碰的时候。当他们遇到流血、撞伤等情况时，有的幼儿还是会哭鼻子，不知所措。为了让幼儿了解如何应对突发状况，学会正确处理擦伤、撞伤等情况，教师开展针对不同伤口应该如何进行应急处理的活动，丰富幼儿对急救知识和急救工具的认识，鼓励幼儿学会冷静应对，尝试用正确的方法、步骤和工具处理流鼻血、擦伤、破皮等情况。同时，提醒幼儿了解几种容易引发意外伤害的物品、场所或情境，让幼儿学会预防意外伤害，增强自我保护能力。

图 2－109　急救小达人

【活动价值】

1. 卡通形象，清晰直观

用卡通形象来呈现受伤处理的步骤图，一方面，更清晰直观，帮助幼儿理解如何处理不同的伤口；另一方面，可爱的形象也可以缓解幼儿的害怕或不适，更有利于幼儿主动学习急救知识。

2. 情境再现，预防受伤

向幼儿展示幼儿园里可能引起受伤的物品和情境，如桌角、门缝和剪刀等，让幼儿说一说应该如何预防在这些地方受伤，如不玩剪刀，不在教室里奔跑打闹，手指不放在门缝处等。通过看一看、说一说，增强幼儿预防受伤的安全意识。

【环境创设】

第一，图示“受伤流血了，怎么办”“撞伤了，怎么办”的步骤，引导幼儿自主学习处理伤口的步骤与方法，鼓励幼儿受伤时不哭、不慌、不害怕，学会冷静应对，积极配合教师进行急救处理；第二，通过看一看、用一用、说一说，使幼儿认识不同的急救工具，并了解它们的不同用途；第三，通过展示生活中容易发生伤害、碰撞的场景，增强幼儿的安全防患意识；第四，学习绘本《我的小小急救手册》，进一步解读各类伤口的处理方式，如刺伤、烫伤、流鼻血、手指被门夹伤等。

图 2－110　急救工具

【师幼互动】

1. 对话一

教师：当你受伤的时候，应该怎么办？

幼儿 1：告诉老师，告诉爸爸妈妈。

2. 对话二

教师：你们知道这些都是什么吗？

幼儿 1：这是创口贴，这是棉花棒，这是酒精，这是冰袋。

教师：你们知道它们有什么用处吗？

幼儿 1：创口贴可以保护受伤的地方，酒精可以消毒受伤的地方，棉花棒可以用来擦拭流血的地方。如果你撞到头了，没有出血，可以用冰袋敷一敷，这样就不会觉得疼了。

教师：你还知道哪些急救工具？

幼儿 1：我还知道碘酒、绑带、纱布、棉花……

3. 对话三

教师：这些地方有危险吗？为什么？

幼儿 1：桌子角是尖尖的，如果小朋友撞到了，头就会流血。

幼儿 2：剪刀很危险，用的时候如果不小心是会划破手的。

幼儿 3：门缝、窗户缝会夹到手的，小朋友不能把手放进缝缝里。

【儿歌】

急救歌

小朋友，认真听，
急救电话要记清。
交通事故 122，
医疗救护 120。
遇事冷静心不慌，
再大灾难也能赢，
安全知识保安全，
紧要关头要记清。

【活动延伸】

教师通过开展集体教学活动“受伤了，我不怕”，引导幼儿回忆各自的经历，并加以整理，加深幼儿对易流血部位的认识和对流血感受的印象，使幼儿了解不同伤情的不同处理方式，鼓励幼儿配合急救，帮助幼儿提升自我应对的意识与能力。

（案例提供：戴思怡）

第四节 共同生活:适应集体

一、好心情

(一) 快乐好心情

【素材选择】

在幼儿园一日生活中,教师时常会和幼儿一起解决各种心情不愉快的事,如有时会和幼儿一起解决问题,有时会和幼儿单独分享心事,有时还会帮助幼儿转移不愉快情绪的注意力。对于大班幼儿来说,教师要指导幼儿学会如何保持愉快的心情,并采取多种方法排解已经出现的消极情绪,增强自我调适能力。

图 2-111 快乐好心情

【活动价值】

1. 快乐心情哪里来

喜怒哀乐,人皆有之,但快乐作为一种积极情绪却是心理健康的重要标志之一,对幼儿的成长尤为重要。愉快的情绪既来自成人的关怀呵护,又取决于幼儿自身的主观体验。

2. 寻找保持快乐心情的好办法

在教育活动中,教师运用幼儿已有的经验,和他们一起聊聊让自己高兴的好方法，并鼓励幼儿表达自己的心理感受。同时，通过做游戏、看动画、读漫画书等形式，帮助幼儿体验让自己高兴的事情，使幼儿在生活中逐渐养成积极乐观的生活态度。

图 2－112　灿烂的微笑

【环境创设】

第一，开展“快乐飞船”活动，鼓励幼儿主动将自己的心情展示在心情故事记录板上，让幼儿分享自己的快乐，了解同伴的心情，学会关心他人；第二，阅读绘本《父与子全集》，全班共同交流，学习遭遇困难不绝望、获得财富不忘本的高贵品质；第三，通过开展活动“开心罐头”，让幼儿了解人有开心和不开心两种情绪，学习让自己变快乐的方法。

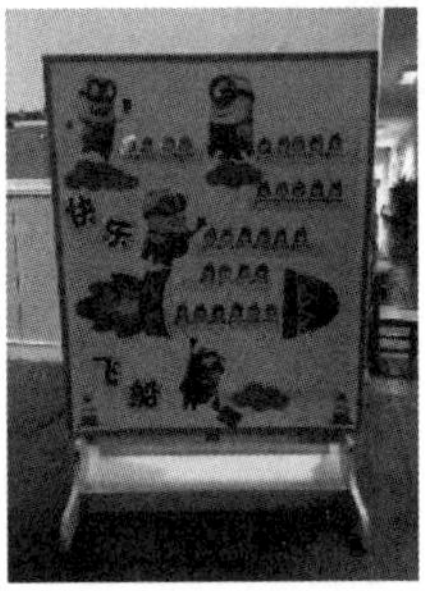

图 2－113　快乐飞船

图 2－114　绘本《父与子全集》

图 2－115　开心罐头

【活动目标】

愿意主动理解和清晰表达自己的心理感受，学习排解不良情绪的方法，并愿意尝试和体验。

【活动重难点】

活动重点：理解和表达自己的心理感受。

活动难点：用不同的词语表达开心和不开心。

【活动过程】

1. 引发兴趣——打开“开心罐头”

关键提问：谁愿意用一个词来介绍自己的“开心秘密”？（要求：不能重复别人用过的词）

小结：大家说了这么多“开心秘密”，那我们就把开心和快乐收集在一起，放进“开心罐头”里，让我们的开心越来越多。

2. 交流讨论——观看动画片《倒霉熊》

（1）讨论倒霉熊的故事

关键提问：这是一只怎样的熊？它遇到了什么事？它的心情是什么样的？你是怎么看出来的？

小结：这是一只倒霉熊，它是一只既可爱而又倒霉的北极熊。它非常喜欢运动，可就是练跑步机练到抓狂，踢足球踢到发疯，打棒球打到成了别人的靶子。

（2）激发同理心

关键提问：我们每个人都会有心情不好的时候，你们有过什么不开心的事情？大人会不会也有不开心的事情呢？

小结：幼儿会因为与同伴发生矛盾、天气不好、晚来幼儿园而不开心，教师会因为掉东西而不开心，爸爸妈妈会因为宝宝不听话、工作中遇到困难、在家里发生矛盾而不开心，爷爷奶奶会因为想念自己的孙子、孙女而不开心。原来，每个人都有开心和不开心的时候。

（3）分享交流转换的方法

关键提问：不高兴的时候，你会用什么办法让自己高兴起来呢？

小结：原来快乐有这么多种方法，看电视、玩玩具让我们的情绪得到放松，和别人说一说自己的烦恼，把我们的难过大声说出来，出去玩一玩可以把我们的情绪转移到其他地方。有了这些好方法，我们就能感到快乐。

3. 体验尝试——看漫画和玩游戏

（1）看幽默漫画

关键提问：看幽默漫画可以让我们的心情变好吗？

小结：看幽默漫画可以让我们的心情变好，看着看着就可以把之前不高兴的事情全给忘了。我把它放在语言角，不信你们可以去试试。

（2）做游戏

关键提问：做游戏可以让我们在不开心的时候马上变开心吗？

小结：当心情不好的时候，当遇到生气的事情时，当遇到烦恼的时候，我们可以通过这些方法来帮助自己，也可以把这些方法推荐给朋友。每天保持愉快的好心情，和朋友一起快乐起来吧！

【师幼互动】

1. 对话一

教师：谁愿意来分享一下今天自己的快乐心情？

幼儿1：我今天心里美滋滋的。

幼儿2：我今天的心情特别棒。

幼儿3：我今天乐得冒泡了。

幼儿4：我今天很爽。

幼儿5：我今天的心情一般般。

幼儿6：我今天的心情不太好。

2. 对话二

教师：经常生气到底好不好？

幼儿1：我觉得不好，生气很累。

幼儿2：我觉得生气有时也可以啊，让别人知道你不开心了，需要发泄一下。

幼儿3：我还是觉得生气对身体不好，让自己不开心，也会影响到周围人的情绪。

幼儿4：我们小朋友有这么多让自己高兴起来的好办法，发现周围有人不开心的时候，我们也要去关心他们，帮助他们。

幼儿5：还有生病的朋友，孤独的爷爷奶奶，我们也要多关心他们一点！

3. 对话三

教师：不高兴的时候，你会用什么办法让自己高兴起来呢？

幼儿1：我可以唱歌跳舞、运动、看书、旅游……

幼儿2：我也可以吃糖、晒太阳、睡一觉、看动画……

幼儿3：对，我们每个人都有不高兴的时候，你不高兴的时候，可以玩玩具、看看动画，找朋友玩一玩或者哭一哭，这样你就能让自己高兴起来了。

【儿歌】

表情与心情

笑嘻嘻的我很开心，
噘嘴巴的我很生气。
泪汪汪的我很难过，
大声叫的我很害怕。
我有一颗心，代表着心情。
我有一张脸，拥有着表情。
表情与心情，亲密不分离。

【活动延伸】

教师向幼儿介绍自己变快乐和留住快乐的好方法，如看幽默漫画，排解自己不开心的情绪等。当自己很开心的时候，就把这件开心的事情记录下来，把它放到“开心宝盒”里；当好朋友不开心的时候，让他试一试。教师要引导幼儿把快乐储存起来，每天都能拥有愉快的心情，和同伴一起快乐起来！

（案例提供：苏　婷）

（二）餐前十分钟

【素材选择】

午餐是幼儿园一日活动的重要环节，拥有良好的就餐习惯和愉快的就餐情绪是促进幼儿身心健康发展的必备条件。《指南》中指出：要合理安排餐点，帮助幼儿了解食物的营养价值，引导他们不偏食、不挑食，培养幼儿良好的生活习惯。结合“食育”的教育理念，抓住餐前活动的教育契机，有效利用餐前十分钟，激发幼儿的用餐兴趣，帮助幼儿养成良好的用餐习惯，让他们想吃、会吃、爱吃、文明地吃、科学地吃和愉快地吃。

【活动价值】

1. 良好环境促食欲，悦享午餐趣味多

餐前环境包括物质环境和人文环境，餐前教师要为幼儿创造宽松、快乐的就餐环境。丰富多样的特色餐厅、充满童趣的环境、优美舒缓的音乐和可供幼儿自主选择的餐点，都有利于调动幼儿的积极情绪，激发幼儿的食欲，使幼儿体验集体生活的快乐。

2. 餐前游戏乐无穷，我的快乐我做主

通过开展餐前游戏活动，让幼儿自主选择。餐前游戏活动给幼儿带来快乐的同时，也促进教师更好地认识幼儿游戏的特点，理解游戏的实质，并进行科学指导，创造适宜的游戏条件，使游戏真正成为幼儿园的基本活动，使游戏为幼儿的全面发展服务。通过开展趣味小游戏，在轻松、愉快的游戏氛围中，让幼儿的身心得到放松。

3. 今日午餐我来说，小小播报大学问

开展餐前播报活动，不仅可以帮助幼儿提高表达能力，也为幼儿提供了表现自我的机会。色彩鲜艳的餐点照片，不仅可以让幼儿了解到午餐吃什么，还可以让幼儿了解到各种食物所具有的营养，大大地激发了幼儿的食欲。

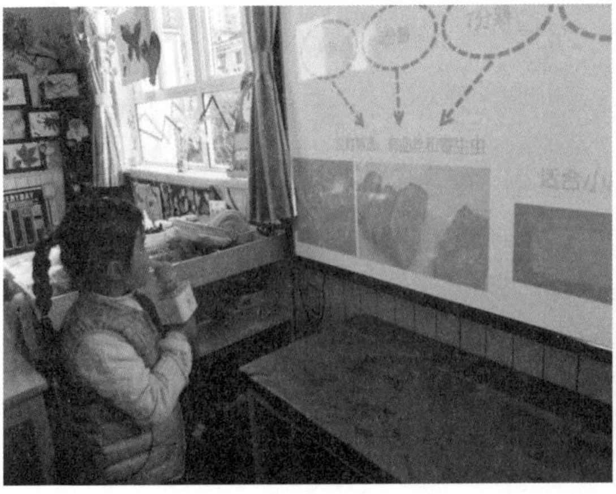

图 2－116　餐前播报活动

【环境创设】

1. 主题餐厅大不同

教师为幼儿创设了多种特色餐厅，如西餐厅、中餐厅、动物餐厅等。西餐厅内有各国特色美食的照片、西餐餐具和礼仪等，中餐厅内有特色圆桌、不同传统节日的食物介绍、山水画等，动物餐厅让幼儿仿佛身处丛林之中，有了小动物的陪伴，相信幼儿用餐时也能有好情绪。宛南实验幼儿园也经常开展交换餐厅活动，幼儿可以自主选择在不同的餐厅内用餐，不仅激发了幼儿的用餐兴趣，也使幼儿可以体验集体生活的快乐。

图 2－117　餐具摆放架

图 2－118　中餐厅的节日氛围

图 2－119　餐厅中的“小动物”

2. 美味套餐任你选

餐点的内容和形式也是多种多样的，如配合节日活动，推出营养丰富、造型可爱的卡通套餐；结合“套餐大 PK”活动，让幼儿投票选出自己喜欢的套餐；开展美味的自助餐活动，让幼儿自主选择菜品，自己取放，不仅锻炼了幼儿的生活自理能力，还增加了幼儿的食欲。

3. 优美音乐添食欲

在餐厅内，教师会根据不同的节日（如圣诞节、新年、元宵节等）、季节播放适宜的音乐，营造轻松愉快的用餐环境。

4. 午餐播报新闻台

在教室内，教师创设了“午餐播报新闻台”的环境，为幼儿提供金话筒和配合播报的电子白板。利用餐前十分钟，不仅让幼儿成为午餐小主播，介绍当日菜单和食物的营养价值，也可以共同学习午餐礼仪、卫生习惯的小贴士等。

【师幼互动】

1. 对话一

教师：吃饭的时候有哪些用餐礼仪？

幼儿 1：吃饭的时候不说话，椅子轻轻放，保持桌面干净……

2. 对话二

教师：进餐前有哪些用餐礼仪？

幼儿 1：吃饭前要把小手洗干净，要保护好自己的小手，不东摸西摸。

幼儿 2：排队有序地拿饭菜，耐心地等待。

教师：进餐时有哪些用餐礼仪？

幼儿 1：餐具轻拿轻放，一只小手拿勺，另一只小手扶碗，喝汤时两手端着碗。

幼儿 2：进餐时细嚼慢咽，吃完一口再吃一口。

幼儿 3：进餐时静悄悄，保持安静不说话。

幼儿 4：吃饭不挑食，什么东西都爱吃。

幼儿 5：吃饭时保持清洁，不弄脏桌面、地面。

幼儿 6：食物残渣和骨头放在指定的地方，不将自己的饭菜挑到别人的碗里。

教师：进餐后有哪些用餐礼仪？

幼儿1：吃完最后一口饭再站起来，轻放椅子，离开饭桌，送回餐具。

幼儿2：吃完以后对大家说“我吃完了，大家请慢用”。

幼儿3：饭后要漱口、擦嘴，把餐具有序地送回。

3. 对话三

教师：听一听，哪些行为是对的？哪些是错的？

幼儿1：进餐时不能大声聊天说话。

幼儿2：不能用手抓饭。

幼儿3：吃饭的时候要把小椅子坐坐好，小肚子贴着桌子。

幼儿4：要什么都爱吃，才会身体好。

【儿歌】

进餐歌

进餐前，洗净手。
小饭碗，扶扶好。
小调羹，拿拿牢。
打喷嚏，遮住口。
轻轻嚼，慢慢咽。
不挑食，不剩饭。
一口一口自己吃，
吃得干净真正好。

【活动延伸】

“餐前十分钟”的活动形式应经常变换，可以根据幼儿的兴趣和需求适当调整。另外，幼儿午餐播报的形式也应该是多种多样的，除了介绍午餐内容以及食物的营养价值外，也可以播报天气情况、分享餐前小故事、交流每天的新鲜事等。幼儿可以自主决定自己的播报内容，不仅能提高幼儿的表达能力和丰富播报的内容，也能让幼儿对每天的午餐播报更加期待。每周可以评选一次“播报金话筒”，不仅能提高幼儿的表达欲望，更能提高幼儿的积极性。

（案例提供：杨　欢）

二、生活小妙招

（一）纸巾变变变

【素材选择】

我们生活中有各种各样的纸巾，如湿纸巾、普通纸巾、有图案的纸巾等；纸巾的打开方式也各不相同，如抽纸、卷筒纸等。通过阅读盥洗室的故事，幼儿可以了解纸巾不同的打开方式和用途，甚至可以了解纸巾的来源。在环保理念的指导下，倡导幼儿少用纸巾，保护树木，保护地球生态环境。幼儿既能从中感受纸巾带来的便利，也能萌发环保意识，从自己做起，节约用纸。

【活动价值】

1. 共同制作，激发情感

将盥洗室的故事融入课程中，共同收集各种各样的纸巾，并用自己收集的纸巾制作装饰品，可以让幼儿产生亲切感和浓厚的兴趣。把幼儿的作品摆放在盥洗室中，幼儿每次都驻足欣赏，活动也变得更有趣味。

2. 共同讨论，倡导环保

通过视频、多媒体等形式，让幼儿了解纸巾的来源，了解虽然纸巾给我们的生活带来了诸多便利，但是却不利于环保，由此引出手绢。在幼儿中展开一系列问题的讨论，比如“在哪些情况下适合用纸巾”“哪些情况下可以用手绢代替”“一卷纸需要砍伐多少棵小树”“我们有哪些办法来保护环境”等。通过墙面的展示，呼吁大家一起做环保小卫士，激发幼儿共同保护地球的愿望。

【环境创设】

第一，通过展示教师与幼儿用不同的纸巾共同制作的“装饰品”，如蝴蝶的造型、花束的造型等，让幼儿喜欢纸巾，感受纸巾不仅给我们的生活带来便利，还能点缀我们的生活，让我们的环境变得更美丽；第二，通过看一看、说一说、用一用，认识纸巾的种类和功能，了解不同的打开方式；第三，通过环境的创设，幼儿可以直观地了解树木与卷筒纸的关系，激发幼儿保护自然的愿望，提高幼儿的环保意识。

图 2－120　纸巾装饰品

【师幼互动】

1. 对话一

教师:平时你们什么时候会用到纸巾?

幼儿 1:擦鼻涕的时候。

幼儿 2:吃完饭的时候。

幼儿 3:洗手的时候。

幼儿 4:上厕所的时候。

2. 对话二

教师:我的纸巾哪里变了?

幼儿:原来是白色的,现在变成彩色的了。

教师:彩色的纸巾是怎么变成的?

幼儿 1:用颜料涂色的。

幼儿 2:用蜡笔涂一涂变的。

幼儿 3:在水里沾一沾就变色了。

3. 对话三

教师:你想把自己的纸巾变成什么?可以怎么做?

幼儿 1:可以变成小白兔。

幼儿 2:扭一扭可以变成蛇。

幼儿 3:可以卷出小花朵。

【儿歌】

节约用纸我可以

一张纸，写两面，节约用纸为环保。
废纸卖给回收站，继续用来把纸造。
阅读图书轻翻纸，画画写字爱惜纸。
剪剪折折用废纸，抹嘴擦涕少用纸。
从小养成好习惯，节约用纸永记牢。

【活动延伸】

在生活活动和学习活动中，幼儿不断地生成新的话题和内容，比如个别化活动中“纸巾花”的制作，图书角的环保书籍，环保话题的探讨等。

（案例提供：章穆苏）

（二）垃圾要分类

【素材选择】

大班幼儿开始对周围的事物有了越来越多的关注，特别是一些节日活动会给他们留下很深的印象。世界地球日后，保护地球的意识在幼儿的心中萌芽。最近，垃圾分类也是社会关注的焦点之一。生活中垃圾随处可见，垃圾不仅会对人们的健康产生不良的影响，也会对环境造成一定的污染。如果大家能对垃圾进行分类，管理好生活垃圾，就会有益于身心健康，保持环境洁净。通过看一看、说一说、玩一玩，幼儿可以了解垃圾分类的原因，知道垃圾分类给环境带来的好处，认识垃圾分类的标识，学习一些有关的小知识。

图 2－121　垃圾分类

【活动价值】

1. 潜移默化，激发情感

在平时的谈话或新闻播报中，时常会提到环保，但对于大部分幼儿来说，环保只是一个概念或口号。在盥洗室里介绍有关垃圾分类的各种小知识，如垃圾分类的原因和好处等，让幼儿在进出盥洗室时都可以看到，每天耳濡目染，激发幼儿的环保愿望，引导幼儿养成不乱丢垃圾的好习惯，并建立初步的环保意识。

2. 关爱地球，从我做起

在看一看的区域，以绘本为载体，把环保内容深入浅出地介绍给幼儿，激发他们的好奇心。通过自制垃圾箱，幼儿可以学会如何分类垃圾，促使幼儿在日常生活中主动、自觉地进行垃圾分类，爱护我们共同的家园。

图 2-122　垃圾分类海报

【环境创设】

第一，指导幼儿用绘画的方式记录垃圾对环境造成的污染以及垃圾分类带来的好处，直观地呈现出保护地球的小知识；第二，学习有关垃圾分类的环保类绘本，让幼儿在翻阅的过程中强化垃圾分类的意识；第三，自制垃圾分类箱和小贴士，引导幼儿在操作的过程中了解垃圾分类的方法。

图 2-123　垃圾分类小知识

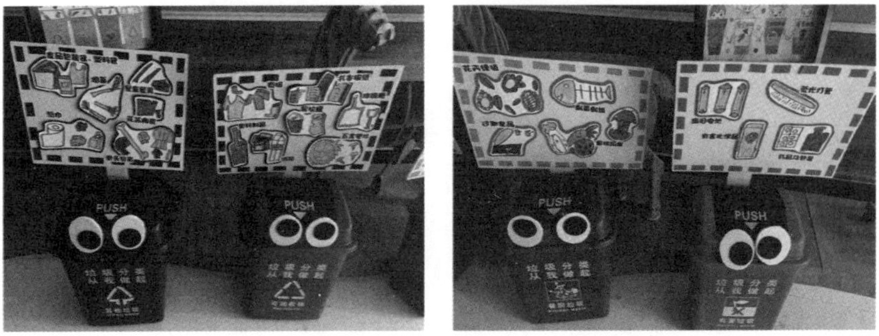

图 2-124　自制四类垃圾桶

【师幼互动】

1. 对话一

教师:你从图片中看到了什么?你的心情怎么样?

幼儿1:图片上的垃圾很多,很脏,我不喜欢这样的地方。

幼儿2:这样的地方臭臭的,脏脏的,在这里心情很不好。

2. 对话二

教师:那我们应该怎么做呢?

幼儿1:要把它们打扫干净,扔进垃圾箱里。

幼儿2:看到垃圾要捡起来,扔到对应的垃圾桶里,不能随地乱扔。

3. 对话三

教师:你看到过几种颜色的垃圾桶?

幼儿1:我在小区楼下见过四种颜色的垃圾桶。

幼儿2:不同的垃圾桶有不同的用处,装不同的垃圾。

幼儿3:有红色、蓝色、棕色和黑色。

教师:红色垃圾桶是扔什么垃圾的?

幼儿1:扔有害垃圾的,我看到上面还画着红色的叉叉。

教师:你知道生活中哪些垃圾是有害垃圾吗?

幼儿1:电池是有害垃圾,要单独扔到红色垃圾桶里。

幼儿2:因为电池坏了以后会流出液体,污染环境。

幼儿3:灯泡也要扔到有害垃圾里,因为灯泡如果碎了会很危险。

幼儿4:还有药也是有害垃圾,过期的药会危害健康。

教师:你知道饮料瓶要扔进什么颜色的垃圾桶吗?

幼儿1:饮料瓶要扔到蓝色垃圾桶。

幼儿2:蓝色垃圾桶是可回收垃圾桶,饮料瓶是可以回收再利用的。

幼儿3:蓝色垃圾桶上还画着三角形和三个箭头,说明是可回收的。

4. 对话四

教师:垃圾分类有什么好处?

幼儿1:垃圾分类可以让环境变得更美丽,让地球变得更漂亮。

幼儿2:分类以后有些有害垃圾就不会再污染环境了。

幼儿3:有些垃圾放在一起还可以变成肥料,节约地球资源。

幼儿4:可回收物分类以后可以重新再利用,变废为宝。

【儿歌】

垃圾分类歌

大家一起来环保,
垃圾分类最重要。
可回收物丢蓝色,
有害垃圾丢红色,
餐厨垃圾丢绿色,
其他垃圾丢灰色,
分类宝典要记牢。

【活动延伸】

在“家长进课堂”活动中，教师邀请了从事环保工作的家长给幼儿们讲解“环保小卫士”。通过互动问答、详细讲解、动画视频等内容，以生动富有趣味的形式呈现垃圾分类的价值与重要性。在社会实践中，小记者们在园内对教师、幼儿进行垃圾分类知识采访活动，有的还化身“环保小卫士”，拿着垃圾袋在园内拾捡垃圾并分类。

（案例提供：王一辰）

（三）口罩的秘密

【素材选择】

生活中存在着各种各样的病毒和空气污染，佩戴口罩无疑是阻止病毒传播的有效途径之一。但是对于幼儿来说，他们年龄较小，自控能力较弱，缺乏自我保护意识，许多幼儿不喜欢戴口罩，还有的幼儿不会正确戴口罩。

《指南》中指出：帮助幼儿养成良好的生活与卫生习惯，提高自我保护能力，形成使其终身受益的生活能力和文明生活方式。因此，通过视频、儿歌、图示、游戏等方式，帮助幼儿了解平时感冒、发烧、咳嗽等特殊时期在公共场所自觉戴口罩的重要性，学会正确戴口罩，从而提升幼儿的自我保护能力，帮助幼儿积累相关的生活经验。

【活动价值】

1. 引发戴口罩重要性的思考

对于小班幼儿来说，戴口罩是一项艰难的任务。有的幼儿认为戴口罩太闷了，喘不了气；有的不喜欢戴口罩是因为口罩的带子勒耳朵，特别不舒服。通过开展阅读绘本故事和观看小视频等活动，幼儿意识到特殊时期戴口罩对大家都很重要，在公共场所一定要戴口罩。

2. 掌握正确戴口罩的方法

不管是防尘、防霾口罩，还是防疫防毒的专业医用口罩，佩戴不正确，效果都会大打折扣。通过点一点、听一听、说一说、看一看、学一学，在生生和师生互动中，引导幼儿自主学习正确佩戴口罩的方法（洗手—分清正反与上下—挂上小耳朵—遮住嘴和鼻—捏捏金属条—口罩调整好）。

3. 提升自我保护的意识

通过“口罩大揭秘”谈话活动，了解口罩能为我们筑起一道防护墙。只有正确佩戴口罩，做好防护，才能保护自己和他人。小班幼儿虽然年纪小，但是戴上口罩，大家都是抗击病毒的小勇士。

4. 树立公平意识和谦让精神

开展“分口罩”小游戏，让幼儿能够在一一对应分配口罩的基础上，把多余的口罩、防护级别高的口罩分给更需要的人，进而树立公平意识和谦让精神。

【环境创设】

第一，学习绘本《小口罩，大学问》，知道特殊时期在公共场所戴口罩的重要性，增强幼儿的自我保护意识；第二，学习儿歌《我会戴口罩》，通过看一看、听一听、说一说，指导幼儿掌握正确戴口罩的方法；第三，开展“口罩小百科”游戏，在寓教于乐的操作体验中，使幼儿愿意自觉遵守戴口罩的公共卫生规则。

图 2-125　口罩的秘密

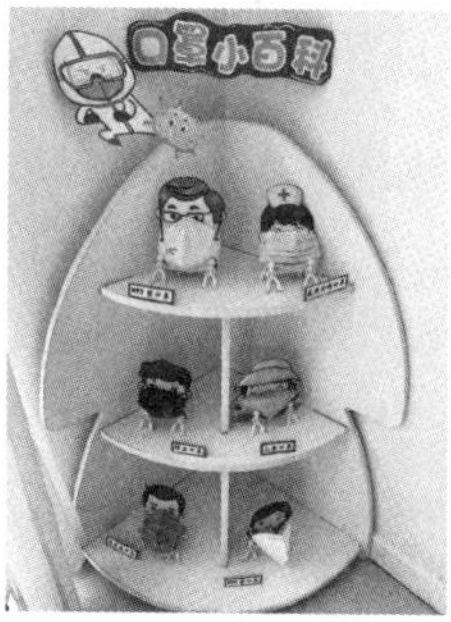

图 2-126　口罩小百科

【师幼互动】

1. 对话一

教师：你喜欢戴口罩吗？

幼儿 1：我喜欢戴口罩，戴上口罩的我酷酷的，还能抵挡病毒。

幼儿2：口罩很漂亮，有不同的图案。

幼儿3：我不喜欢戴口罩，戴上口罩我不能呼吸新鲜空气。

幼儿4：我不喜欢戴口罩，戴久了，口罩里面臭臭的。

教师：为什么要戴口罩？

幼儿1：冬天的时候，戴口罩可以保暖，保护我们的脸颊。

幼儿2：口罩像保护层一样，能抵抗病毒侵入我们的身体。

2. 对话二

教师：戴口罩需要注意什么呢？

幼儿1：要根据不同需要选择适合自己的口罩。

幼儿2：小朋友要戴儿童口罩。

幼儿3：戴口罩前要先洗手。

幼儿4：口罩用完以后，不能随便乱扔。

幼儿5：口罩佩戴时间不超过4个小时。

教师：你知道正确戴口罩的方法吗？

幼儿1：分清口罩的正反面。

幼儿2：把口罩两边的细带挂在耳朵上。

幼儿3：口罩戴上后，要正好罩住下巴、嘴巴和鼻子等部位。

幼儿4：按压金属条，贴合我们的脸蛋，不能有空隙。

3. 对话三

教师：口罩都一样吗？不同的口罩都有什么作用？

幼儿1：口罩的种类有很多，KN95口罩、一次性口罩、医用口罩、棉布口罩、防尘口罩、电子口罩等。

幼儿2：不同的口罩作用也不相同，有的防飞沫，有的阻隔灰尘和花粉，有的防护指数高可以抗病毒等。

教师：在哪些时候我们一定要戴口罩？

幼儿1：生病的时候，戴口罩能防止把病毒传染给身边的人。

幼儿2：去医院看望他人的时候要戴口罩，防止自己感染病毒。

幼儿3：坐公交、地铁，出入商场、飞机场等公共场所的时候要戴口罩。

幼儿4：在特殊疫情防控时期，必须佩戴口罩。

4. 对话四

教师：在特殊时期，当我们有多余的口罩，你觉得谁可能更需要它呢？

幼儿1：医生、护士、警察、老人、小孩……

【儿歌】

我会戴口罩

一起来，戴口罩，戴前洗手很重要，
深色的，在外面，金属条要朝上面。
一起来，戴口罩，两个圆圈挂耳朵，
轻轻拉，到下巴，盖住鼻子和嘴巴。
一起来，戴口罩，鼻子上贴金属条，
轻轻捏，仔细调，鼻子嘴巴保护好。

【活动拓展】

生活中有各种各样的口罩，它们都有什么不同的功效？幼儿应该戴哪种口罩呢？通过亲子游戏等形式，拓展幼儿对各种口罩的认知经验。家校合力，强化幼儿的自我保护意识，树立“公平”“优先”的公平意识和谦让精神。

（案例提供：郑丽静）

第三章

内涵拓展的“品质生活＋”

很多时候，生活的延展和生活的可能性都是无法预设的。通过实践，我们了解到幼儿园中有许多小事，这些小事往往就是落实“生活即教育”理念的最佳途径。

在宛南实验幼儿园中，“生活”就是体验，幼儿的切身经历便是他们生活的全部。生活教育的内容会随着幼儿的需求和体验不断变化，教师在框架的基础上自主补充内容。教师不仅要深入了解、接纳幼儿的困惑和问题，也要帮助幼儿从他们各不相同且常常相互矛盾的理解中得出某种整体性认识。

宛南实验幼儿园打破幼儿园的限制，增加幼儿与自然界和社会交往的机会，引导幼儿了解生活和自然，促进幼儿身心健康发展；同时，充分利用周边的有利环境，经常带幼儿走出幼儿园，融入社区。

幼儿的日常生活活动有哪些？如何实现日常生活活动的教育功能？这些都是教师需要探讨的问题。宛南实验幼儿园从热点先行、实践操作、日常智慧等多个角度来深化“生活即教育”的阐释。

第一节　先行篇

教育热点在不断变化，教师要敏锐地捕捉前沿动向，了解教育热点，分析它们与生活教育的关联。对于幼儿来说，生活教育带给他们的不仅是美好生活的祝愿，更是在生活化的方式中实现生活目标。

生活是教育的来源，是教育的内容，也是教育的目的。让生活教育与时俱进、保持活力一直是宛南实验幼儿园发展的主线。宛南实验幼儿园的生活教育课程在不断发展与完善中经历了以下四个阶段，具体内容见表 3-1。

表 3-1　宛南实验幼儿园的生活教育课程的发展阶段

发展阶段	园所工作	课程特点
第一阶段：2001 年至 2002 年	研究健康教育的实施模式	营养、生活、运动
第二阶段：2002 年至 2011 年	以生活活动为切入点	就生活而生活
第三阶段：2011 年至 2012 年	梳理了幼儿观、教育观和课程观	以“大生活”理念为引领
第四阶段：2012 年至今《3—6 岁儿童学习与发展指南》	在健康、快乐、智慧的基础上加入了品真	注重全面均衡发展

接下来，我们以核心素养和项目化学习为例，阐述如何让生活教育与时俱进，如何拓展品质生活的内涵。

一、如何理解并落实核心素养

关于核心素养的认识比较有代表性的是辛涛等人的观点，他们认为：“学生的核心素养应该是涉及知识、技能、情感态度、价值观等多方面能力的要求，是个体能够适应未来社会、促进终身学习、实现全面发展的保障。”①

2016 年 9 月，中国学生发展核心素养研究成果正式发布。该研究成果将中国学生核心素养分为文化基础、自主发展、社会参与三方面，综合表现为人文底蕴、科学精神、学会学习、健康生活、责任担当、实践创新六大素养。

① 辛涛，姜宇，刘霞.我国义务教育阶段学生核心素养模型的构建[J].北京师范大学学报(社会科学版)，2013(1).

在充分考虑3—6岁幼儿的发展特点和具体活动实施的可行性的基础上，结合生活教育理念，我们把“人文底蕴、学会学习、健康生活、责任担当”作为我园的幼儿核心素养。

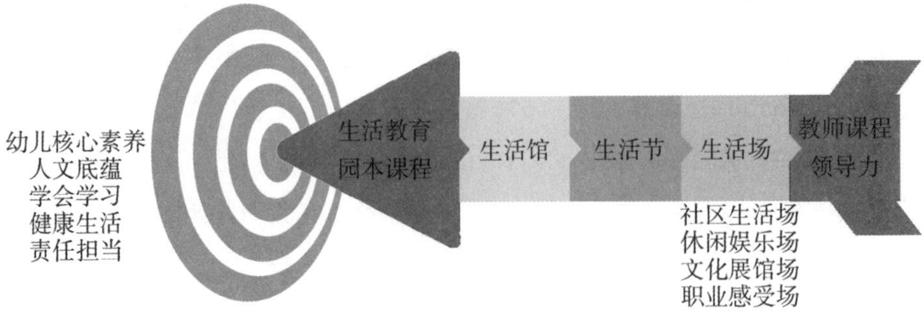

图3-1 “生活场”系列活动

我们把“生活场”系列活动作为培养幼儿核心素养的重要载体，在课程中设置大、中、小场域。三种场域间层层包含，互为依托，并在生活教育课程引领下产生联系，使课程活动更为立体化。

大场域：根据核心素养的基本要点，确立生活场以及与之对接的培养目标和活动内容，形成大场域的概念。

中场域：根据核心素养的某一要点，形成3—6岁幼儿“生活场”活动的序列化内容，逐步培养幼儿核心素养的某一要点，形成中场域的概念。

小场域：以某一“生活场”活动为单位，在活动前、活动中、活动后不同阶段，根据与生活场相关联的人、事、物对幼儿产生的影响，使幼儿获得某一方面或多方面的生活经验和学习能力，形成小场域的概念。

二、如何看待并尝试项目化学习

项目化学习注重问题、注重联系、注重探究，解决实际生活中真正会遇到的问题。这与宛南实验幼儿园一直坚持的生活教育内涵不谋而合，即生活教育追求的不是幼儿的学会，而是幼儿的会学。

项目化学习和以往的教学有一个很大的不同：教师不再是“教”幼儿学习，而是和幼儿一起学习。主体由教师逐步转向幼儿，过程由完成任务转向问题驱动，方式由成人指导转向共同参与。项目化学习有利于促进幼儿主动学习，激发幼儿的学习兴趣。

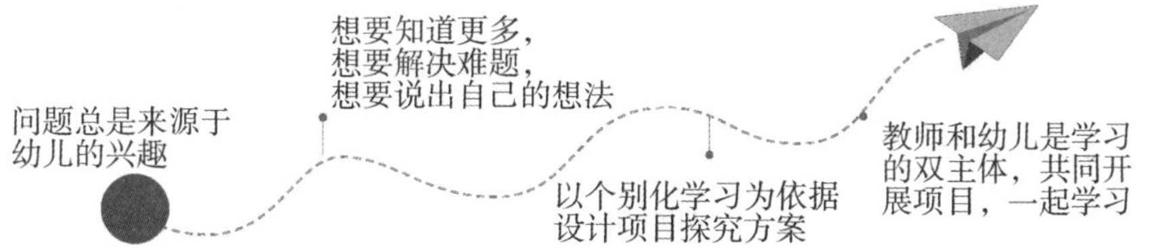

图 3－2　项目化学习课程活动

有些专业问题，教师难以立即解答，需要查找资料和整合资源。教师尝试使用新的工具，如借助思维导图来设置项目化学习的规则，利用过程性记录表记录幼儿的活动过程，设计亲子调查问卷，有针对性地支持每一个幼儿的探究过程。与此同时，项目化学习中的分享交流、探讨辩论、同伴合作也是幼儿互相学习的过程。教师要善于捕捉幼儿的关注点，提炼有价值的问题，整合多领域的经验。

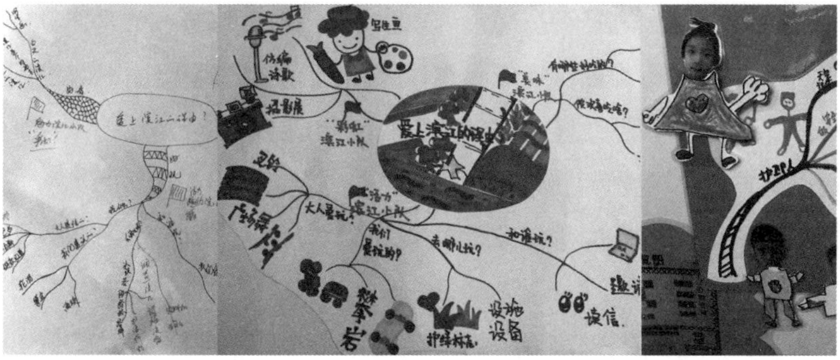

图 3－3　宛南实验幼儿园项目化学习的探索

在项目化学习的过程中，教师要信任幼儿，给予幼儿更多的空间，相信幼儿是“有能力的学习者”；要尊重幼儿，倾听幼儿最真实的想法，解读幼儿个性化表达中的创新思维；要支持幼儿，提供一切可以利用的资源，保障幼儿项目化学习顺利开展。

第二节　互动篇

许多“小事”往往是落实“生活即教育”理念的最佳途径。我们以五件“小事”为例，探讨如何在“小事”中体现生活教育的独特价值和具体做法。

一、如何做好洗手这件小事

关键词：步骤图、工具、儿歌

养成正确的洗手习惯是幼儿生活教育中一件重要的“小事”。好奇的天性使幼儿到处都想摸一摸、玩一玩，小手也在不知不觉中沾上细菌等微生物。但很多幼儿仅仅用水冲一冲，随意性较大，没有形成正确的洗手意识和方法。

幼儿生活习惯的养成不是一朝一夕的事，要在幼儿园一日生活的各个环节中，用语言或儿歌对幼儿进行提示和指导，使幼儿在实践体验中不断巩固和提高健康认知水平，逐步养成良好的卫生习惯。为此，教师在“我会洗手啦”这一活动中，通过以下方式实现洗手目标。

第一，“看”照片。将洗手七步法拍成照片，幼儿可以根据照片直观地练习洗手。

第二，“用”工具。在洗手池上放置肥皂和洗手液，让幼儿自主选择；引导幼儿在看一看、闻一闻的过程中发现肥皂和洗手液的不同形态和特点，激发幼儿洗手的兴趣。

第三，“唱”儿歌。将洗手的过程编成朗朗上口的儿歌，通过图片、儿歌等方法，帮助幼儿巩固洗手七步法，从而养成讲卫生的好习惯。

二、如何说明礼貌这件小事

关键词：可视化、量化、系列化

幼儿从封闭的家庭来到社会交往丰富的幼儿园，这一阶段是礼貌习惯培养的关键期。通过开展“宝贝甜嘴巴”活动，采用可视化、量化、系列化等方式促进幼儿礼貌习惯的培养。

第一，“看得见”的礼貌。用可爱的卡通形象展示常用的礼貌用语，在潜移默化中帮助幼儿养成使用礼貌用语的习惯。

第二，"数得清"的礼貌。每天来园主动问好的幼儿都能在自己的星星榜上增加一颗星星，在你追我赶中，幼儿不仅可以获得成就感，还可以逐步养成问好的习惯。

第三，"多场合"的礼貌。关注幼儿园一日生活中可以使用礼貌用语的不同场合，形成一系列"甜嘴巴"活动，包括来园时的甜嘴巴、游戏中的甜嘴巴、午餐时的甜嘴巴、求助时的甜嘴巴、道歉时的甜嘴巴、离园时的甜嘴巴以及一些节日活动中的甜嘴巴，如妇女节、父亲节、重阳节等。

三、如何解读便便这件小事

关键词：步骤图、示意图、工具

拉完便便擦屁股，这件看似很简单的小事，其实也是一项必备的生活小技能。其中，许多技巧需要通过学习和实践才能掌握。通过开展"我会擦屁股"活动，帮助幼儿形成拉便便的生活习惯，提高幼儿的生活自理能力。

第一，"有方向"的擦屁股。擦屁股的方向是我们开展生活教育的一个重要细节。设置直观的步骤图，引导幼儿通过观看图示箭头，了解从前往后擦屁股的正确方向。

第二，"不能少"的包肚子。拉完便便、擦完屁股，并非就结束了。包肚子也是幼儿需要学会的一项重要内容，否则容易受凉，进而引起不适。通过设置"我会包肚子"的卡通示意图，鼓励幼儿观看图示，尝试自己动手包肚子，学习包肚子的好方法。

第三，"大不同"的便纸。卷筒纸、面巾纸等不同的便纸，对于如何擦屁股也有一定的影响。通过展示实物，让幼儿了解不同种类的便纸及其使用方法。

四、如何处理出血这件小事

关键词：卡通形象、真实材料

每当幼儿面对自己或同伴受伤、出血等情况时，他们往往会手足无措，甚至号啕大哭。为此，教师开展了"救护小达人"活动，培养幼儿保护身体、爱护身体的意识，掌握基本的救护技能。

第一，设置卡通情境，帮助幼儿克服恐惧心理。由于幼儿对于出血存在一定的恐惧心理，所以教师通过卡通形象来再现出血的情境，激发幼儿的兴趣，确保幼儿在轻松、愉快的氛围中学习救护小知识。

第二，准备救护材料，鼓励动手尝试。理论知识对于幼儿的救护来说是远远不够的，因此教师提供了急救包、常见的救护材料等，引导幼儿通过模仿、操作等途径，学会基本的救护技能，确保幼儿在出血时做到不惊慌和不害怕。

五、如何参与分类这件小事

关键词：环境创设、动手实践

近期，生活垃圾分类已成为社会关注的热点。学前阶段正是幼儿形成各种观念的最佳时期，因此希望通过这一活动培养幼儿的环保意识，从小做起，保护地球。

第一，潜移默化，激发情感。通过设置照片墙“关爱地球”，鼓励幼儿用绘画的方式记录保护地球的各种方法，直观地呈现保护地球的小知识；投放垃圾分类绘本，引导幼儿在翻阅的过程中学习垃圾分类的各种小知识；在盥洗室中张贴垃圾分类小贴士，幼儿在进出盥洗室时都可以看到，每天耳濡目染，激起幼儿的环保愿望，引导幼儿养成不乱丢垃圾的好习惯。

第二，自制工具，参与分类。通过带领幼儿自制垃圾分类箱，让幼儿了解如何对垃圾进行分类，例如哪些属于可回收物、有害垃圾、厨余垃圾、其他垃圾以及对应的垃圾桶颜色等；通过动手操作，引导幼儿在日常生活中主动、自觉地进行垃圾分类，爱护我们共同的家园。

第三节 智慧篇

为了更生动、更接地气地来“解惑”，宛南实验幼儿园向园所的每一位教师征集他们关心的问题，并精选、整合出以下五大问题，从多个角度来诠释“生活即教育”。

一、如何在生活教育中激发家校合力

家校一致性是促进生活教育落地生根的有效途径之一。作为职初教师，如何激发家长参与家校互动的积极性和持久性，如何在生活教育上真正做到家校合力？

有的幼儿家长参与家校活动的积极性不高，也许并不是他们不关心幼儿的成长，而是没有意识到这对于幼儿成长的重要性。一个较为完善的家长工作体系中，包含多种互动、协作方式。幼儿教师作为专业的教育者，应该主动引导家长参与家校合作。只有学校建立畅通的家校合作模式，家长才能逐渐感受到“被期待”的角色定位，在幼儿园和教师的带动下主动定位自己的角色，并做出相应的配合。

要做到持久性、高质量参与度的家校互动，需要做到以下几方面。

首先，教师要主动与家长形成趋同的教育理念。教师要把“只有专业教师才能教育好幼儿”的观念转变为开放的家校共育观念；家长也要转变“养是父母，教是教师”的狭隘观念，主动承担培育幼儿的责任。这就要求教师与家长进行充分的沟通，更多地支持家庭育儿，向家长传授科学的育儿理念，尝试引导家长转变原有的、片面的育儿观。

其次，教师要合理规划家校活动。好的家校活动不仅有规划方案，还应当有过程记录、总结和反馈。只有这样，才能让家长理解幼儿园教育的内涵和意义，并能在日常生活中有意识地延续相同的教育理念。例如刷牙、洗手等日常行为，需要教师和家长在共同引导、观察、沟通、互动的基础上，帮助幼儿养成良好的生活习惯。

最后，教师要充分利用家长资源。家长们来自不同的行业，有着不同文化背景，这不仅可以给生活教育带来丰富的教育内容，也可以为幼儿教育提供多种支持和服务。例如在“急救小达人”活动中，如果有从事医生、护士等职业的家长，可以充分利用这一资源开展现场教学。这种让家长深度参与幼儿教学的方式，不仅能让家长更了解幼儿园的教学，也能让家长从互动中获得成就感和积极性，有利于培养长期性的家校互动。

二、如何指导幼儿解决日常矛盾

日常活动中，幼儿之间难免因为争抢、排队等发生各种小别扭或小冲突。教师应该如何有效地指导幼儿解决日常活动中产生的这些小矛盾呢？

幼儿之间偶尔的矛盾，完全可以视作幼儿成长过程中与同伴相互学习的必要过程，不一定需要频繁加以干预。如果这样的矛盾频繁发生在同一个幼儿身上，或者发生在同一件事情上，那么教师就要重点关注了。此时，教师要积极地引导，在生活教育中渗透社交能力的培养。

生活教育提倡在幼儿的生活过程中潜移默化地进行引导，因此在实践过程中，教师可以采取以下方式来解决幼儿之间的小矛盾。

第一，资源共享，增加协作。教师可以设计一些需要两个或多个幼儿合作完成的活动环节，引导幼儿意识到同伴在活动中的存在价值。通过开展合作活动，引导幼儿的关注点从资源的稀缺性转移到资源的共享性，从与同伴的竞争关系转移到合作关系。例如活动角只有一个洋娃娃，几个幼儿都想玩，那么可以引导幼儿进行分工合作，一人给洋娃娃梳头，一人给洋娃娃做午餐，一人给洋娃娃布置房间等，增进幼儿的合作和交流。

第二，了解同伴，和谐交往。教师可以在日常生活中观察每一个幼儿的优点，并及时给予表扬。例如不要以“某某某最棒了”“全班只有某某做到了”等方式进行表扬，而是可以用“某某刚刚做……很认真”“某某和某某合作得很好”等具体的方式进行表扬。在这个过程中，教师希望让幼儿了解自己和别人的优点和长处，同时增加彼此的认同和交流。

所以，教师提倡在生活与游戏里使幼儿逐步认识自己与他人的关系，学会友好交往和合作，这样自然就能降低幼儿之间矛盾发生的频率。

三、如何做到既呵护天性又有效管理

生活活动中，有时认为应该鼓励幼儿施展天性，尊重个性差异，尊重幼儿的想法，给予幼儿更多的自由与自主；但由于缺乏培养的技巧和经验，往往最后“刹不住车”，导致管不住幼儿，说了幼儿也不听。如何做到既呵护天性又有效管理呢？

生活教育中，教师的角色并不是旁观者，而是引导者。鼓励幼儿施展天性，并不是让幼儿为所欲为，而是引导幼儿展现自己的优势。基于这样的理解，生活教育对教师的要求远比传统的灌输式教育要高。

教师对于生活活动的把控力，源于以下两方面：一是对幼儿的日常观察能力；二是对生活活动的设计。如果教师感到会发生活动失控的情况时，不妨从这两方面入手提高自己解决问题的能力。

一方面，教师可以通过对一些容易“失控”的幼儿进行深入观察，掌握这些幼儿的个体特征，了解如何有效激励他们正确地参与互动。比如有的幼儿荣誉感强，希望得到小红花或者教师的表扬，那么就可以通过激励来强化他们的正确行为。另一方面，教师对生活活动的设计也关系到活动的可控性。教师的活动设计要能激发幼儿的兴趣，鼓励幼儿充分施展自己的天性，但又要能进行及时干预。比如教师为了培养幼儿的社交能力，增进幼儿之间的相互了解，设计了两人运篮球的活动。这个活动要求幼儿在合作中学习成长，但由于其竞争性的设定，可能会导致幼儿之间的攀比、相互破坏等。因此在活动设计时，教师要针对这一特点进行设计，比如可以不比拼速度，而是比哪一组能让球不落地并到达终点，凡是完成的，都有奖励。这样减少可能引发失控问题的因素，在降低失控风险的情况下，达到生活教育的目的。

四、如何在生活教育中体现衔接

生活教育贯穿幼儿发展始终。对于小班、中班、大班幼儿来说，活动实施过程应该分别具有怎样的侧重点呢？又该如何有效衔接和递进呢？

教师设计生活活动，必须考虑该年龄段幼儿的发展特性和学习需求，这是所有活动设计的起点，应从以下两方面实现生活教育的有效衔接。

一方面，活动设计要考虑幼儿年龄发展的规律性。幼儿各项能力的发展是循序渐进的，经历数个阶段，日益增进。教师要根据不同年龄段幼儿的能力特点，进行活动设计。例如养成良好的喝水习惯，记录每日饮水量，对于小班、中班、大班幼儿都十分重要。由于小班和中班幼儿的年龄较小，可以采用简单的插卡记录或贴画记录的方法来记录自己的每日饮水量；大班幼儿可以使用空白纸或表格式的记录纸等来记录每日饮水量。

另一方面，课程要体现个体之间的差异性。每个人和每个人群都拥有其个性和共性特征，这既是发展分析的核心目标，又是幼儿教育的核心目标。由于部分幼儿生活自理能力或知识掌握程度偏弱，则可以在满足其他幼儿发展需要的前提下，在设计活动时，兼顾并帮助这部分幼儿共同成长。以记录每日饮水量为例，大班幼儿可以采用空白纸记录，而每一个幼儿可以根据自己不同的记录水平使用不同的方式进行记录，如数字记录、正字记录、画线记录等。

在满足以上两个原则的基础上，生活教育的侧重点可以按照幼儿的实际情况进行设计，在课程递进上则要更多地关注幼儿的兴趣和活动难度的平缓增加，避免因难度陡增而导致幼儿丧失对活动的兴趣。

五、如何把幼儿的生活转化成教育契机

随机教育是落实生活教育的有效途径之一，也是考验教师功底的重要指标之一。对于教学经验不足的青年教师，如何更好地把握生活教育的契机，把常规的培养要求转化为幼儿乐于接受的方式和内容呢？

随机教育并不是完全临时起意的教育活动，事实上，随机教育的最初触发点是一个偶然事件，但最终在形成课程安排时，已经经过了教师的精心安排。因此，在这个过程中，青年教师不要惧怕试错，而是应该积极抓住每一个教育契机。试错的过程就是一个筛选信息和提升观察力的过程。只有尝试开展随机教育，才能发现幼儿是不是真的对此感兴趣，然后再决定要不要进一步设计更全面、系统的活动。

另外，青年教师要养成随机教育是一种课程设计的意识。例如幼儿偶尔做出帮助同学的行为，教师往往会通过表扬来正面强化这种行为，但很多时候也就止步于此，因此错失了一次开展随机教育的契机。其实，随机教育正是要通过把握这样的情境，形成长效的生活课程。比如教师可以通过这个机会，引导幼儿讨论一下哪些行为也属于互助行为，互助行为有什么好处，哪些情形下我们需要求助等。这样举一反三，让幼儿感性地认识到生活中互助行为的重要性。对于随机教育的契机，青年教师只有具备将其课程化的意识，才能把随机事件变成教育素材。

六、总结

生活活动具有重复率高、同质性强的特点，通过日积月累的引导，可以在潜移

默化中帮助幼儿养成良好的生活和学习习惯。也正是因为生活活动的发生频率高、变化小等特点，所以生活活动的意义容易被忽视。然而，日常生活活动的质量制约着幼儿园的保教质量，幼儿教师应重视每一个生活活动的价值。仓桥物三认为：“在幼儿园中，每天都会遇到一些诸如早上要幼儿戴好帽子、饭前要洗手之类极其实际的生活问题。从狭义的教育角度出发，或许认为这些过于琐碎了，但我们坚持认为，必须对此始终如一地给予尊重。”①

首先，要重视每一个生活活动的价值。每一个生活活动都有其特殊的教育价值，例如自己穿脱衣服、鞋袜，能培养幼儿基本的自我生活能力；使用勺子、筷子吃饭，能提升幼儿手部动作的协调性；坚持刷牙，能帮助幼儿形成良好的生活卫生习惯。“‘生活琐事’是一种珍贵的课程资源，教师应该从经验课程的视野来观照、整合这些‘琐事’”②，仔细分析该活动可以达成的教育目标以及可以采用的教育方法，将每一个目标细化到每一天的活动中，才能更好地发挥生活活动的价值，促进幼儿的健康成长。

其次，重视生活活动中幼儿的表现。通过关注幼儿在生活活动中的表现，可以了解幼儿对当前活动和过往活动的态度。在活动过程中，通过观察幼儿的情绪情感和言行举止，可以初步判断幼儿对当前活动的兴趣；通过观察幼儿在自由活动中所选择的活动项目，可以了解幼儿对曾经开展的活动是否感兴趣；通过观察幼儿的表现，可以判断幼儿对活动的喜好程度。

最后，重视生活活动中教师自身的言行。“自己在说话的过程中，要注意幼儿的反应，如果幼儿的反应积极，有效果，那下次还可以再采用这个方法引导幼儿；如果这样的引导方式没有效果，那下次就不采用了。”③在组织生活活动的过程中，教师的某句话、某个动作或者某个表情，可能会取得意想不到的效果。教师应该对自己的言行产生足够的重视，并进行总结和反思，分析可以使用的情境和场合，为下一次活动的开展积累经验。

---

① 仓桥物三.幼儿园真谛[M].李季湄，译.上海：华东师范大学出版社，2014.

② 于冬青.走向生活世界的幼儿园课程设计研究[D].长春：东北师范大学，2008.

③ 管钰嫦.幼儿教师生活活动实践性知识的叙事研究[D].长春：东北师范大学，2017.

参考文献

[1] 仓桥物三.幼儿园真谛[M].李季湄,译.上海:华东师范大学出版社,2014.

[2] 皮军功.幼儿生活教学论[M].北京:北京师范大学出版社,2012.

[3] 管钰嫦.幼儿教师生活活动实践性知识的叙事研究[D].长春:东北师范大学,2017.

[4] 胡塞尔.欧洲科学危机和超验现象学[M].张庆熊,译.上海:上海译文出版社,1988.

[5] 约翰·杜威.杜威教育论著选[M].赵祥麟,王承绪,编译.上海:华东师范大学出版社,1981.

[6] 约翰·杜威.学校与社会·明日之学校[M].赵祥麟,等译.北京:人民教育出版社,1994.

[7] 鲁思·华莱士,艾莉森·沃尔夫.当代社会学理论:对古典理论的扩展[M].刘少杰,等译.北京:中国人民大学出版社,2008.

[8] 苗曼.天性引领教育——幼儿教育变革路向探寻[D].南京:南京师范大学,2012.

[9] 卢梭.爱弥儿[M].李平沤,译.北京:商务印书馆,1994.

[10] 孙培青.中国教育史(第三版)[M].上海:华东师范大学出版社,2009.

[11] 涂德兰.课程视阈下幼儿园日常生活活动的生态位研究[D].重庆:重庆师范大学,2010.

[12] 王利娟.幼儿园生活活动中的随机教育研究[D].呼和浩特:内蒙古师范大学,2012.

[13] 叶澜,等.教师角色与教师发展新探[M].北京:教育科学出版社,2001.

[14] 叶小红.创设属于幼儿的生活场[N].中国教育报,2015-01-04(002).

[15] 于冬青.走向生活世界的幼儿园课程设计研究[D].长春:东北师范大学,2008.

[16] 张咏.如何提高教师观察记录的实效[J].教育导刊·幼儿教育,2003(Z2).

图书在版编目（CIP）数据

我们都是生活家 / 卫晓萍主编. — 上海：上海教育出版社，2020.11
ISBN 978-7-5720-0474-2

Ⅰ. ①我… Ⅱ. ①卫… Ⅲ. ①生活教育 - 教学研究 - 学前教育
Ⅳ. ①G613.3

中国版本图书馆CIP数据核字(2020)第250350号

总 策 划　刘　芳　宁彦锋
责任编辑　袁　玲　汪海清
封面设计　陈　芸

我们都是生活家
卫晓萍　主编

出版发行　上海教育出版社有限公司
官　　网　www.seph.com.cn
地　　址　上海市永福路123号
邮　　编　200031
印　　刷　启东市人民印刷有限公司
开　　本　700 × 1000　1/16　印张 9.75
字　　数　159 千字
版　　次　2020年11月第1版
印　　次　2020年11月第1次印刷
书　　号　ISBN 978-7-5720-0474-2/G·0343
定　　价　45.00 元

如发现质量问题，读者可向本社调换　电话：021-64377165